ADOLESCENTES :)

Quem Ama, Educa!

IÇAMI TIBA

IÇAMI TIBA

ADOLESCENTES :)

Quem Ama, Educa!

O MAIOR BEST-SELLER
EM EDUCAÇÃO DO PAÍS,
AGORA, EM NOVA VERSÃO
E ATUALIZADO PARA A
GERAÇÃO Y

INTEGRARE
EDITORA

Copyright © 2010 Içami Tiba
Copyright © 2005 Integrare Editora e Livraria Ltda.

Publisher
Maurício Machado

Supervisora editorial
Luciana M. Tiba

Produção editorial e acompanhamento
Miró Editorial

Preparação de texto
Márcia Lígia Guidin
Michelle Neris da Silva

Revisão de provas
Rodrigo do Amaral Gurgel
Célia Regina Rodrigues Lima

Projeto gráfico de capa e miolo
Alberto Mateus

Diagramação
Crayon Editorial

Dados Internacionais de Catalogação na Publicação (CIP)
(Câmara Brasileira do Livro, SP, Brasil)

Tiba, Içami
    Adolescentes : quem ama, educa! / Içami Tiba. – 46. ed.
– São Paulo : Integrare Editora, 2010.

    Bibliografia.
    ISBN 978-85-99362-58-7

    1. Adolescentes - Educação 2. Adolescentes - Relações
familiares 3. Educação - Finalidades e objetivos 4. Família
5. Pais e adolescentes I. Título.

10-10115   CDD-649.1

Índices para catálogo sistemático:

1. Pais e filhos : Educação familiar 649.1

Todos os direitos reservados à INTEGRARE EDITORA E LIVRARIA LTDA.
Avenida Nove de Julho, 5.519, conj. 22
CEP 01407-200 - São Paulo - SP - Brasil
Tel: (55) (11) 3562-8590
Visite nosso site: www.integrareeditora.com.br

DEDICATÓRIA

Pegou-me de surpresa o resultado da pesquisa feita em março de 2004, pelo Ibope, entre os psicólogos do Conselho Federal de Psicologia. Os entrevistados escolheram livremente os profissionais que mais admiram e/ou usam como referência:

1º lugar: Sigmund Freud;

2º lugar: Gustav Jung;

3º lugar: Içami Tiba.

Seguem C. Rogers; Lacan; M. Klein; Winnicott e outros.

Esses dados foram publicados no *Jornal de Psicologia* nº 141, edição julho/setembro de 2004, do CRP-SP. Eu acreditava que meu público leitor eram somente pais e educadores.

Foi com imenso prazer que recebi essa notícia e não quero me furtar à responsabilidade de ajudar também os multiplicadores do bem na promoção da saúde e qualidade de vida do ser humano na família, no trabalho e na sociedade.

Assim, dedico este livro àqueles que lidam com adolescentes e sua família: pais, educadores, psicólogos, psiquiatras, psicopedagogos e outros psicoafins.

Este meu profundo *Muito obrigado!* vem do âmago do meu ser, com um imenso e forte abraço a todos vocês.

Com carinho,

Içami Tiba

JOVENS: DE PROBLEMA A SOLUÇÃO

Quando Içami Tiba nos procurou para estabelecer uma parceria por meio desta sua nova obra, fiquei emocionada com sua disponibilidade em doar parte das vendas dos livros às ações do Instituto Ayrton Senna pelo Brasil. Senti-me honrada pela sua escolha. E fiquei muito feliz ao constatar que Içami, um escritor amplamente reconhecido, está focado num tema que é a raiz de nosso trabalho junto à juventude: viabilizar no jovem o que ele tem de melhor como força propulsora de grandes transformações na realidade brasileira.

E como realizar isso, como tocar nesse diamante bruto para ajudá-lo a se transformar em uma joia rara? A resposta é clara: por meio da educação. Defendo que os jovens deste país merecem educação de qualidade, que promova a descoberta e o desenvolvimento de seus potenciais.

Não me refiro apenas à educação escolar, mas também à familiar. A visão de juventude que predomina entre muitos pais é a de que seu filho adolescente é um problema.

Para muitos pais, ter um adolescente em casa é sinal de encrenca à vista. No entanto, os que souberem relacionar-se com seu filho de um jeito novo, entendendo suas necessidades e reconhecendo o potencial que trazem consigo, descobrirão que têm em seus lares um ser humano ímpar, fonte de iniciativas, repleto de uma energia transformadora, capaz de encontrar soluções criativas para situações de impasse.

O caminho para esse reencontro de adultos e adolescentes não é dos mais simples, mas é dos mais urgentes no mundo em que vivemos. Ver o jovem em seu potencial, apostar na sua capacidade e dar a ele as oportunidades educativas para que se desenvolva plenamente são os primeiros passos a ser dados e estão ao alcance de todos nós, adultos.

O jovem, com certeza, saberá retribuir essa nova forma de acolhê-lo e se sentirá mais seguro para agarrar as boas oportunidades que surgirão em sua vida. Saberá, principalmente, fazer as melhores escolhas. Não as que só trazem benefícios para si mesmo, mas para o bem comum, porque o jovem necessário à sociedade de hoje precisa ser autônomo e solidário.

Ao Içami, o meu muito obrigada e os votos de pleno sucesso, com mais essa grande contribuição aos pais e educadores que têm no seu cotidiano o prazer de conviver e aprender com o jovem.

Aos leitores desta obra, desejo sabedoria para apreender destas páginas mensagens otimistas que levem à construção de um novo jeito de olhar para a nossa juventude, pronta a deixar sua marca renovadora na história deste imenso país.

Viviane Senna
Presidente do Instituto Ayrton Senna

SUMÁRIO

Mensagem do *Instituto Ayrton Senna*, Viviane Senna 7

Agradecimentos 15

Prefácio: Ao mestre, com carinho, Gabriel Chalita 17

Introdução 21

PARTE 1 · ADOLESCENTE HOJE

CAPÍTULO 1 **Adolescência: o segundo parto** 27

1. O púbere está para o bebê… 27

2. … assim como o adolescente está para a criança 30

3. Adolescentes de hoje 32

4. Apego familiar dos jovens 32

5. Adolescência antecipada: Geração *Tween* 33

6. Adolescência expandida: Geração Carona 35

CAPÍTULO 2 **Adolescência: resumo do desenvolvimento biopsicossocial** 37

1. Etapas do desenvolvimento da adolescência 38

2. Confusão pubertária 39

3. Síndrome do 6º ano 40

4. Onipotência pubertária 42

5. Síndrome do 8º ano 43

6. Estirão 44

7. Menarca da mocinha / Mutação da voz do mocinho 46

8. Onipotência juvenil 47

CAPÍTULO 3 **O cérebro do adolescente** 48

1. Onipotente, mas imaturo 49

2. O cérebro feminino amadurece antes do masculino 50

CAPÍTULO 4 **O equilíbrio humano** 50

1. Mundo interno e mundo externo 51

2. Equilíbrio no movimento do caminhante 53

3. Caminhando com uma perna só 54

4. Valores superiores. 55

5. O teto que nos protege 60

CAPÍTULO 5 **Atropelando a idade biológica** 61

1. Imitando os maiores. 62

2. Poder sem competência 63

3. Filhos realizando os sonhos dos pais 63

4. Pais nivelando as idades dos filhos 64

CAPÍTULO 6 **De garotinha a mãe num só pulo** 65

1. Da "ficada" para a gravidez precoce 66

2. Gravidez na adolescência 67

3. Garota se transformando em mãe 68

4. Garoto virando pai 69

CAPÍTULO 7 **O quarto do adolescente** 70

1. "Folgados" vivendo na bagunça. 71

2. Isolado no quarto e conectado ao mundo 72

3. Formando um cidadão. 73

4. Dicas para a organização 74

CAPÍTULO 8 **Adolescente, um deus com frágeis pés**. 75

1. Personalidade como a palma da mão 76

2. Vestibular aumentando a onipotência juvenil 77

3. Um deus sobre quatro rodas 77

4. Bebida embriagando o superego 78

5. Onipotência provocada pelas drogas 79

6. Onipotência alimentada pela paixão. 80

CAPÍTULO 9 **Sexualidade feliz** 81

1. Idades sexuais 82

2. O despertar do sexo. 83

3. Namorado(a) dormindo em casa 84

4. Preocupações dos pais dos namorados que "dormem" juntos 85

5. Usar camisinha é um gesto de amor 91

6. Camisinha feminina 92

7. Homossexualismo masculino 92

8. Homossexualismo feminino 94

CAPÍTULO 10 **Drogas** 95

1. Alguns tipos de reações do pai 95

2. Alguns tipos de reações da mãe 96

3. Qual é a melhor reação dos pais? 98

4. Na casa do amigo 99

5. Contra ou a favor. 100

6. Exemplo dentro de casa 101

7. Educados para o prazer 102

PARTE 2 · FAMÍLIA DE ALTA PERFORMANCE

CAPÍTULO 1 **Pedra filosofal dos relacionamentos entre pais e filhos** . . 107

1. Pedra filosofal dos relacionamentos humanos globais 107

2. Classificação dos relacionamentos humanos globais 109

3. Pais e filhos progressivos e retrógrados 111

4. Relacionamentos progressivos e retrógrados 113

5. Construindo um "progressivo". 114

6. Profissional brilhante, pai... nem tanto! 116

7. Relacionamentos verticais e horizontais 117

8. Lidando com as pessoas desconhecidas e/ou diferentes 118

9. Preconceito, o veneno mortal dos relacionamentos 120

10. Harmonia e sinergia entre os conhecidos 121

11. A linguagem do amor 123

CAPÍTULO 2 **Caminhos para uma família de alta performance** 124

1. Nasce uma família de alta performance 124

2. Grandes transformações no comportamento humano 125

3. Administração empresarial aplicada em casa 126

4. Diferentes constituições familiares 128

5. Projeto de educação: quem ama, educa! 131

6. Como os pais podem preparar um filho para ter sucesso? 132

7. Transformando sonho em projeto de vida. 133

8. De filho "esperador" a empreendedor 134

9. Pais: líderes educadores 135

10. Pais fazem o que patrões não fazem... 137

11. Família, uma grande equipe 140

CAPÍTULO 3 **Amor e negociações entre pais e filhos**. 142

1. Amor, alma dos relacionamentos humanos 143

2. Amor dadivoso, entre pais e filho bebê 144

3. Amor que ensina, entre pais e filho criança. 144

4. Amor que exige, entre pais e crianças crescidas 146

5. Negociação entre pais e geração *tween* 147

6. Negociações e proibições 149

7. Amor que exige e negociações entre pais e filho adolescente 151

8. Negociação doentia, assédio moral familiar. 152

9. Negociação interrompida 155

10. Negociação entre pais e geração carona. 156

11. Amor maduro entre pais e filho adulto 157

12. Amor de retribuição entre pais senis e filho adulto 157

CAPÍTULO 4 **Pais que não têm tempo** 158

1. Pai sem tempo para brincar 158

2. Mãe sem direito de ser mulher 160

3. Mãe trabalhando atende telefonema do filho 161

4. Pai trabalhando atende telefonema do filho. 163

5. Tempo virtual 165

6. Filho acompanhando um dia de trabalho do pai e/ou da mãe 166

7. *Pit stop* e sua competência 168

PARTE 3 · ESTUDO E TRABALHO

CAPÍTULO 1 **Estudar é essencial**. 173

1. Transformando informações em conhecimentos 173

2. Aprendemos para aprender 174

3. Aprendemos para conhecer. 175

4. De aluno medíocre a Prêmio Nobel de Física 175

5. Estudar é construir o corpo do conhecimento 176

6. Pais, aprendizes dos filhos 177

7. Entrosamento entre o "velho" e o "novo" 178

8. Não se aprende com quem não se respeita 180

CAPÍTULO 2 **De olho no boletim** 182

1. Boletim não se negligencia 182

2. Vida de estudante é moleza ! ... E a do trabalhador? 183

3. "Deixa tudo para a última hora" 184

4. Delegar e cobrar 185

CAPÍTULO 3 **Educação financeira** 186

1. Novos paradigmas financeiros 187

2. Ignorância levando à pobreza e ao estresse 188

3. Intimidade com o dinheiro 189

4. Valor do dinheiro 190

5. Mesada 191

6. Dez grandes lições aprendidas com mesadas (receitas) curtas . . .192

7. Gastos impulsivos e imediatistas 199

CAPÍTULO 4 **Desenvolvendo a performance profissional** 199

1. Relação custo-benefício 199

2. Estágio e emprego 201

3. Estagiários progressivos e estagiários retrógrados 202

4. Competência 202

5. Comprometimento 204

6. Informação e conhecimento 205

7. Empreendedorismo 207

8. *Pit stops* 208

CAPÍTULO 5 **Primeiro emprego** 210

1. Sem preparo para o trabalho 210

2. Falhas escolares e familiares 211

3. Pai-patrão 212

4. Largando os estudos para trabalhar 214

5. Dilemas entre trabalho e estudo 215

6. Crise de trabalho? Saída empreendedora 216

CAPÍTULO 6 **O terceiro parto** .218

1. Geração carona 218

2. "Paitrocínio" no trabalho 219

3. Geração carona com sucesso 220

4. Saindo pela porta da frente 222

5. Preparando filhos para o negócio dos pais 223

6. Processo de sucessão: *workshop* familiar 225

CAPÍTULO 7 **Necessidades especiais** 226

1. O desvio de verbas começa em casa 227

2. Ética do dinheiro .228

3. Adolescente desviando verba 229

4. Pequenos furtos em casa: drogas? 230

5. Pirataria na internet 231

6. *Cyberbullying* 232

PARTE 4 · AVÓS ANALÓGICOS, PAIS ANALÓGICO-DIGITAIS, FILHOS DIGITAIS...

CAPÍTULO 1 **Necessária evolução do analógico para o digital** 237

CAPÍTULO 2 **Diferentes gerações** 240

1. Importantes considerações preliminares 240

2. Sucessão de gerações 242

3. Geração *Belle Époque* 243

4. Geração *Baby Boomers* 244

5. Geração X 245

6. Geração Y 247

7. Gerações pelos padrões comportamentais 256

8. Geração M 259

9. Minhas considerações finais 260

Bibliografia 263

Sobre Içami Tiba 267

AGRADECIMENTOS

Livros são sementes que o destino leva por caminhos que o próprio autor desconhece. Em terrenos férteis, elas germinam, gerando novos frutos. São frutos que sofrerão transformações evolutivas conforme o terreno, o clima e o cultivador.

Assim, cada fruto pode ser diferente do outro e gerar sementes diferentes das originais. Esta é a magia dos livros: cada leitor pode colher o fruto do seu interesse.

⋮

Agradeço à humanidade por esta oportunidade de ser um semeador do bem, forma que encontrei para retribuir tantos benefícios que recebi de incontáveis pessoas que me ajudaram.

Sou grato a todos os meus mestres, professores e alunos que diretamente compuseram o meu saber; aos familiares, parentes e agregados que tanto me estimularam e carregam com orgulho as minhas obras; aos amigos e colegas, terapeutas e pacientes, palestrantes e palestrados que, ao trocarem ideias comigo, enriqueceram nossas sementes; aos autores, não só os que constam da bibliografia deste livro, mas também a tantos outros que se transformaram em verdadeiras sementeiras; e aos íntimos-estranhos leitores e telespectadores que me abordaram em aeroportos, festas, lojas e ruas, dizendo quanto minhas obras os ajudaram.

Residem no meu coração a minha esposa, M. Natércia; nossos queridíssimos filhos, André Luiz, Natércia e Luciana, a nossa caçula; Maurício, meu genro; e nossos preciosíssimos netos, Eduardo e Ricardo, frutos da união de Maurício com Natércia.

Atendendo pacientes de sol a sol, proferindo palestras em todos os cantos, apresentando programas de televisão, vivendo mais a família que o social, eu já não tinha tempo para mais nada. Como poderia escrever mais este livro?

Aqui entra minha amada M. Natércia, que orquestrou toda a gestação e o parto deste livro. Encontramos uma expressão gostosa para informar a toda a família que eu estava escrevendo, portanto, não deveria ser perturbado: "Vou me encontrar com o meu leitor". Até meu neto Dudu, no auge da inteligência e criatividade dos seus 3 anos, passava por mim, e, vendo-me teclar o computador, olhava-me e balançava a cabeça com a expressão de quem estava entendendo tudo. Eu até escutava seu cérebro pensando: "Vovô, 'tá' conversando com o leitor? 'Tá'?".

AO MESTRE, COM CARINHO

Muitos são os educadores, escritores e intelectuais que se debruçam sobre questões relativas à educação de crianças e jovens. Poucos conseguem tocar todos os pontos que permeiam esse tema abrangente com a competência e a seriedade necessárias. São mentores que detêm um modo singular de transmitir informações e conhecimentos. Um modo capaz de unir prática e teoria na medida exata. Içami Tiba – mestre que sempre compreendeu a grandeza de ensinar e, ao mesmo tempo, de aprender – é um desses homens cuja trajetória é exemplo e cujo trabalho nos serve como guia para que possamos experienciar a vida de maneira mais bela e nobre.

Prova disso é esta obra que você, leitor, agora tem em mãos. Um texto cuja principal qualidade é a sua preocupação em abordar a complexidade de situações, dramas, conflitos, sonhos e desejos comuns à vida de pais e filhos. Gerações diferentes que devem descobrir, juntas, as maneiras melhores de estabelecer uma convivência saudável e feliz neste início do século XXI.

Psiquiatra de formação e profissional renomado na área de terapia familiar, o autor compartilha com os leitores todos os resultados de seu processo de aprendizagem ao longo dos anos, tempo em que se mostrou profundo observador das relações familiares. Relações marcadas por atitudes, frustrações, ansiedades, vitórias e derrotas de pais e de filhos que procuram seu auxílio no sentido de conseguir melhoras significativas na convivência familiar, na harmonia do lar, no seu processo de interação cotidiana.

Neste livro, as orientações de Içami Tiba compõem um caminho mais seguro para inúmeros personagens que atravessam um período ímpar da história da humanidade. Um tempo cuja rapidez dos processos de comunicação, tecnológicos e científicos tem influenciado de forma substancial o comportamento das pessoas.

Trata-se de um contexto em que, cada vez mais, é possível perceber a inversão de valores sociais e a confusão de sentimentos e sensações que se estabelecem não apenas entre as famílias, mas nas instituições de um modo geral. Pais e educadores constantemente se perguntam como agir diante da agressividade, da intolerância, do preconceito, da sexualidade precoce das novas gerações, das suas relações com drogas lícitas e ilícitas, da rebeldia muitas vezes sem causa, do seu descaso em relação aos estudos, da escolha da profissão, do culto exagerado ao corpo... São muitas as dúvidas. E todas mereceram a atenção e a análise minuciosa do autor de *Quem Ama, Educa!*

Assim, nesta nova obra, Tiba revela as várias faces do processo educativo, na medida em que nos mostra a importância de olhar para o núcleo familiar de forma verdadeiramente ponderada, para assim podermos enxergar com precisão a importância do diálogo, a presença qualitativa dos pais dentro de casa, o carinho, o respeito e tolerância mútuos – conquistas edificadas por meio de um processo lento, mas necessário. Uma via de mão dupla, que visa ao crescimento contínuo dos membros da família como seres humanos dotados de razão e sensibilidade.

O autor nos mostra, também, que a autonomia dos filhos deriva, justamente, da sabedoria dos pais como educadores, os quais depositam em seus aprendizes a confiança necessária para empreender novos desafios e jornadas. Tiba alerta para quão prejudiciais são os pais superprotetores, incapazes de deixar seus filhos alçar os voos essenciais à construção de uma personalidade autônoma e independente.

A adolescência como um segundo parto, o desenvolvimento biopsicossocial, a maternidade precoce, que é uma realidade concreta na vida de milhares de meninas, a ausência de ordem, a propensa onipotência desses jovens, os caminhos que levam a uma família de "alta performance", o amor e a negociação entre pais e filhos e a importância da educação financeira são apenas alguns dos temas abordados por Içami Tiba neste trabalho, que exigiu, certamente, fôlego de gigante e paciência oriental.

A grande virtude do autor neste texto é traduzir os anseios e as inquietações de todos os pais e educadores, como se estivesse escrevendo não para um grande número de leitores, mas para cada um de modo específico. É como se Tiba fosse o portador de uma chave única, capaz de abrir as portas do particular e do universal, analisando situações diversas com habilidade rara e linguagem acessível. Para ser preciso, uma linguagem que lembra tom de conversa, de debate com grandes amigos.

Seria clichê dizer que este livro é uma leitura obrigatória. Ela é, na verdade, não uma obrigação, mas um prazer. Um passaporte para uma viagem, cuja rota é o aprendizado, e o destino, certamente, um porto que atende pelo nome de *felicidade*. A felicidade tão sonhada e que simboliza, na verdade, o bem-estar, o sucesso e a sintonia perfeita entre nós e todos aqueles a quem mais amamos.

Gabriel Chalita
Secretário de Educação do Estado de São Paulo (2005)

INTRODUÇÃO

É com imensa satisfação e respeito aos meus leitores que faço a atualização desta obra, *Adolescentes: Quem Ama, Educa!*, a qual, já na **39ª** edição, com mais de 500 mil exemplares vendidos, acaba de completar cinco anos. Não posso deixar de incluir, agora, neste best-seller, a chegada da nova geração de adultos jovens, recém-saídos da adolescência, para o mercado de trabalho.

Isso porque não gostaria que meus leitores ficassem insatisfeitos de não encontrar neste livro a **Geração Y**, que nomeia os jovens nascidos depois de 1980, hoje por volta dos 30 anos de idade. Foi quando o uso da internet se popularizou e criou grande diferença comportamental e de entrosamento em relação às gerações anteriores.

Prefiro usar o termo **geração** para designar mais um estilo comportamental do que citar semelhanças pela faixa etária. Cito a idade para referência, pois não só as pessoas na mesma idade podem apresentar diferentes estilos geracionais, como pode haver pessoas de diferentes idades com estilos comportamentais semelhantes.

Os educadores em geral, pais e professores, estão encontrando muitas dificuldades para educar seus filhos e alunos, da mesma forma como sofre o vasto mundo corporativo para absorver tais mentes, geradoras da nova mão de obra para o século XXI. Tal dificuldade perturba os transmissores de ensinamentos, pois seus aprendizes e *trainees* têm visão de conhecimentos e comportamento muito diferentes dos que eles tinham na juventude.

São grandes e estruturais as diferenças entre a Geração dos *Baby Boomers* (nascidos entre 1945, pós-guerra, e 1960) e a Geração "X" (filhos da geração anterior, nascidos de 1960 a 1980) em relação aos representantes da atual geração – que estão chegando à vida produtiva, mas em convivência com as gerações anteriores, os quais ainda detêm o poder econômico, político, militar, familiar, educacional. Não raro *conflitos transformam-se em confrontos*. Conflitos podem levar a composições entre diferenças; porém, confrontos levam à imposição de artifícios para aniquilar ambas as partes.

A mitologia grega nos traz a figura de Ícaro, que conseguiu, com a ajuda do pai, Dédalos, o sonho de voar alto e distante. Mas a cera, com a qual prendera as penas ao corpo, derreteu-se em contato com o calor da proximidade com o Sol. Ícaro acabou morrendo no mar Egeu. Ou seja, muitas vezes, usamos asas que efetivamente não possuímos.

Por outro lado, a mitologia nos conta também a história de Pégaso, um cavalo, esse, sim, com asas verdadeiras, que o herói Perseu cavalgou em algumas de suas expedições mais perigosas – humanamente impossíveis de ser realizadas sem o nobre animal alado.

Tais referências mitológicas nos servem de metáfora para falar sobre confrontos geracionais: sem aceitar a nova tecnologia, com a qual "voa", muito segura, a geração Y, estaríamos prendendo Pégaso a um arado. Ou não forneceríamos "asas firmes" a Ícaro. Isso porque as "asas virtuais" das novas gerações – o mundo digital e seu horizonte interminável – servem muito ao progresso e melhoram a vida de todos nós, seres alados ou não alados. Entretanto, não esqueçamos: todos, com ou sem asas, têm de vir buscar seu alimento no solo.

⋮

A adolescência é a etapa de vida em que há o preparo para que a pessoa se torne adulta: momento em que consegue atingir independência financeira e autonomia comportamental.

Deve-se notar, porém, que a adolescência contemporânea está começando mais cedo. Com corpo ainda de criança, essas pessoinhas já apresentam comportamento de adolescentes, sem ter chegado à puberdade. Fazem questão de consumir produtos e imitar o comportamento adolescente. Essa é a geração *tween*.

Tal nome vem da palavra inglesa **between**, cuja tradução para o português é **entre**, **no meio de**, e denomina um tipo de comportamento encontrado com frequência em crianças pré-púberes. Estas ficam então entre a infância e a puberdade, intermediando-as.

A adolescência ficou, também, bastante estendida em relação à adolescência de quinze anos atrás, apesar de nada ter mudado biologicamente. Está terminando mais tarde, por causa dos efeitos da "Geração Carona". Esta é composta dos filhos adultos, com curso superior completo, falando diferentes idiomas, com competência profissional, mas que ainda não trabalham, não sustentam sua sobrevivência. Vivem na casa dos pais, *de carona*, à espera de que um emprego "os leve" para seu próprio sustento. Não é só pelo mercado de trabalho que são caronas, mas também pela própria filosofia de vida disseminada entre pais e filhos.

Os pais já incorporaram os caronas. Entretanto, não se imagina no mundo corporativo o sustento dos caronas. Enquanto os caronas não usarem a "garupa" do seu Pégaso para usufruir a vida com suas asas virtuais, estarão sujeitos apenas a pastar em terra firme. Alguns componentes da geração **X** e **Y**, já em pleno voo com as asas virtuais, fizeram fortunas incalculáveis em um tempo muitíssimo menor que o gasto pelos caronas que ficam em terra firme.

Nesta reedição, falo das características marcantes de cada geração e comento detalhes da Geração **Y**. Procuro também já delinear a Geração **M**, o que permite a cada leitor situar-se na geração a que pertence, para que aprenda o novo e compartilhe o que sabe, de tal forma que todos possamos viver mais produtivos e felizes.

Nesta atualização de *Adolescentes: Quem Ama, Educa*, eu deposito esperanças de que os mais belos, mesmo que ferrenhos, conflitos sejam resolvidos, as dúvidas e diferenças esclarecidas, os conhecimentos multiplicados – para que todas as gerações possam voar juntas...

Caro leitor, alce voo a partir de suas próprias mudanças e instigue as demais gerações ao progresso.

Boa leitura!

Içami Tiba

PARTE 1

ADOLESCENTES HOJE

ADOLESCENTE

Adolescente é adrenalina que agita a juventude,
tumultua os pais e
os que lidam com ele.

Adrenalina que dá taquicardia nos pais,
depressão nas mães,
raiva nos irmãos,

que provoca fidelidade aos amigos,
desperta paixão no sexo oposto,
cansa os professores,
curte um barulhento som,
experimenta novidades,
vive na internet,
desafia os perigos,
revolta os vizinhos...

O adolescente é
pequeno demais para grandes coisas,
grande demais para pequenas coisas.

Içami Tiba

◉

CAPÍTULO 1

Adolescência: o segundo parto

UMA ORDEM DO CÉREBRO DÁ A LARGADA. A partir dela, os testículos e os ovários iniciam a produção de hormônios que vão transformar meninos e meninas em homens e mulheres. O processo biológico dos cromossomos é o mesmo há milhares de anos.

Mas só a carga genética não basta para transformar crianças em adultos. Ela é complementada pelo processo psicológico, regido pela lei do "**como somos**". Desde os primeiros dias de vida, a criança absorve tudo o que acontece ao seu redor. O relacionamento com os pais (ou substitutos) é fundamental na construção dessa bagagem.

Segundo o Instituto de Política e Economia Aplicada (IPEA), os 34 milhões de jovens entre 15 e 29 anos que vivem atualmente no Brasil são muito diferentes dos seus pais quando eram adolescentes. Pelo segundo parto, a criança se transforma em púbere e adolescente.

> **Pelo processo do "como somos", a criança chega à maturidade passando por mais dois partos. Na adolescência, o segundo parto leva à autonomia comportamental. No terceiro parto, o adulto jovem conquista a independência financeira.**

1. O PÚBERE ESTÁ PARA O BEBÊ...

O BEBÊ REPRESENTA o período de desenvolvimento que parte da dependência total até a independência parcial. Aos 2 anos de idade, teoricamente, a criancinha já se reconhece, comunica suas necessidades instintivas e se recusa a fazer o que não quer.

A **puberdade** marca o fim da infância e o começo da adolescência, assim como o parto marca o fim da gestação e o começo da infância. A puberdade, já pertencendo à adolescência, está muito bem definida no desenvolvimento biológico pelo aparecimento dos pelos pubianos, resultantes da produção dos hormônios sexuais. Ela é marcadamente um processo biológico.

O bebê teve que aprender quase tudo o que lhe acontecia e como as outras pessoas se relacionavam com ele. O púbere tem que apreender o que está acontecendo com o seu corpo, pois os hormônios provocam mudanças nas sensações, nos sentimentos, na capacidade de entender e reagir às outras pessoas, independentemente da sua vontade. Essa percepção e esse entendimento de si, ele tem que fazer por ele mesmo.

Os pais do bebê têm que fazer tudo por ele pelo **amor dadivoso**, até ele começar a fazer sozinho o que quer ou precisa. Se alguém for "ajudar" a criancinha a fazer algo, ela pode até brigar para fazer sozinha. Ela quer crescer, sentir-se capaz de realizar pequenas ações. Está na hora de os pais acrescentarem ao relacionamento o **amor que ensina**. Quanto mais ela aprender, tanto mais a sua autoestima vai melhorar e mais segura ela se tornará.

Vi na área de alimentação de um shopping uma criancinha, sentada no seu cadeirão, que brincava com seus brinquedinhos enquanto sua mãe lhe punha a comida na boca. Ela queria pegar a colherzinha. A mãe não lhe entregava e ainda ficava brava quando ela insistia. Essa mãe queria continuar dadivosa quando já estava na hora de ensinar.

Que bom seria se aquela mãe desse uma colher pequenina com que a criancinha pudesse pegar sua comidinha, mesmo que ela derramasse, sujasse a boca, usasse a colher como brinquedo. Bastaria a complementação da mãe com outra colher, e assim todas, criancinha e mãe, estariam compartilhando a refeição.

Há mães que não admitem interferências no seu relacionamento com os filhos. São mães onipotentes que acreditam que, se foram capazes de gestar, parir e criar um filho, saberiam também educá-lo. A realidade atual tem comprovado que elas se enganam.

Mais tarde, mesmo tendo condições de comer sozinha, a criança pedirá à mãe que lhe sirva comida, que lhe amarre o cadarço do tênis mesmo já sabendo escrever. A habilidade de escrever e a de amarrar os cadarços são praticamente iguais. Essa mãe poderá vir a ser a serviçal do filho adolescente, pois está castrando a possibilidade de ele se arranjar sozinho.

O púbere já não quer que seus pais interfiram nas suas descobertas sexuais. O que os pais fazem de melhor é dar-lhe esse tempo, respeitar sua privacidade, a não ser que se comprove que ele não a merece.

Caso os pais insistam em dar o amor dadivoso e o amor que ensina a quem não está, naquele momento, querendo recebê-los, estão sendo inadequados. Correm o risco de ser rechaçados pelo púbere. Esse rechaço funciona como uma espécie de fórceps às avessas para arrancar momentaneamente os pais de sua vida. O cordão umbilical parece que funciona às avessas, como se os pais é que precisassem ser úteis ao filho.

Aqui é que os atendimentos *pit stop* ganham muita força. Significa que os pais poderiam aguardar o momento de ser procurados.

2. ... ASSIM COMO O ADOLESCENTE ESTÁ PARA A CRIANÇA

A INFÂNCIA FUNCIONA como uma socialização familiar e comunitária, em que a criança apreende valores, é alfabetizada e pratica noções de convivência com as pessoas da família e os conhecidos. A ida à escola é fundamental para a sua socialização – um novo ambiente escolhido pelos pais no qual a criança se expande.

Crianças imitam comportamentos dos colegas, da televisão, dos próprios pais... Enquanto se ensinam à criança comportamentos adequados, os pais podem também repelir os inadequados. A interferência dos pais nesses ambientes pode ajudar todas as crianças, e o contrário pode ser visto como negligência.

Uma criança pode ver uma colega agredindo outra colega e nada acontece. Ela volta para casa e agride sua irmãzinha. Os pais dela podem não aceitar essa agressividade gratuita, mas será ainda muito melhor se a escola também trabalhar essa situação de maneira mais adequada.

A **adolescência** é um período de desenvolvimento psicossocial, no qual o jovem se afasta da própria família para adentrar nos grupos sociais. Agora chegou a vez dos amigos de sua própria escolha. Eles adoram andar com seus semelhantes e ir para os locais aonde deseja.

Não é raro o adolescente querer escolher até a própria escola ou também acompanhar os amigos que mudam de escola. Mesmo que os pais mudem de bairro, é bem capaz de ele permanecer ligado ao bairro onde ficaram seus amigos.

Com amigos enfrenta o mundo, mas quando sozinho o adolescente pode perder a coragem de abordar um estranho. Em casa frequentemente se indispõe com os pais, mas na rua tolera amigos inconvenientes.

Se a puberdade pode ser comparada à fase do bebê, a adolescência corresponde à infância. É um período de desenvolvimento constante até se atingir a fase de um adulto jovem. Se na infância a escola é fundamental, na adolescência acrescenta-se a importância da amizade, desenvolvem-se outros tipos de relacionamentos, e o interesse afetivo-sexual cresce muito.

Os pais agora têm que adotar um novo posicionamento educativo. Não se pode mais ser como pais de bebê, com o amor dadivoso, como pais de crianças, com o amor que ensina, pois agora o que o adolescente mais precisa é se preparar para a vida futura, fazendo o que sabe, ajudado pelo **amor que exige**.

Por mais que queiram e possam, os pais devem se abster de tomar uma atitude pelo filho adolescente, a não ser que ele esteja comprovadamente impossibilitado de fazê-lo. Mesmo assim, é melhor ele mesmo enfrentar a situação na escola, por não fazer as lições, do que os pais fazerem por ele.

> **É na adolescência que o filho se lança ao mundo, e aos pais cabe torcer por ele e socorrê-lo quando preciso. Também é da responsabilidade educativa dos pais interferir quando algo não vai bem, sob pena de estarem negligenciando a educação.**

Sofrem os pais cujos filhos adolescentes pertencem ao grupo de vítimas da violência social ou do abuso de drogas. Pouco resultado dá ficar vigiando, controlando seus passos, laçando-os com o cordão umbilical para trazê-los de volta para casa, ou usarem uma coleira virtual (telefone celular, GPS etc.).

É preciso que os pais preparem seus filhos internamente, seja por liberdade progressiva, seja por terapia, para que eles aprendam a se proteger sozinhos, a não se expor tanto aos perigos nem às drogas. Não há como protegê-los fisicamente se eles mesmos ficam buscando o perigo.

3. ADOLESCENTES DE HOJE

Os ADOLESCENTES DE HOJE começaram a ir para a escola praticamente com 2 anos de idade.

Com as mães trabalhando fora de casa e o pai trabalhando mais ainda, eles passaram a infância na escola, com pessoas cuidando deles, num mundo informatizado. As ruas foram trocadas pelos shoppings, a vida passou a ser condominial, e as esquinas das padarias transformaram-se em esquinas virtuais e lojas de conveniência.

As famílias, além de ficarem menores, se isolaram. Convivem mais com amigos que com familiares. Não visitam tios e primos, às vezes nem os avós.

Essa convivência familiar menor que a social pode estar fazendo falta para a formação de vínculos familiares e valores na formação dos jovens. São valores como gratidão, religiosidade, disciplina, cidadania e ética.

São tantas as variáveis que aconteceram para a geração de adolescentes de hoje que podemos comentar mais a simultaneidade que a causalidade dos seus comportamentos.

> **Hoje os adolescentes são muito apegados ao seu mundo social, seus amigos, seus programas, suas viagens, a ponto de seus pais se sentirem meros provedores.**

4. APEGO FAMILIAR DOS JOVENS

O APEGO FAMILIAR continua existindo, principalmente quando os pais são afetivos, mostrando que, mesmo que tenham ido muito cedo para a escola, os jovens carregam dentro de si o espírito de família.

Tenho ouvido aqui e acolá que a família está acabando. Não creio. O que realmente prejudica a família são os maus casamentos. As pessoas que se separam costumam casar-se outra vez, ou seja, querem outra oportunidade para bem constituir a família. Todos os que se casam gostariam de viver bem com seus respectivos cônjuges, ter filhos e constituir uma "família feliz".

O que se percebe é a separação conjugal cada vez mais frequente, menos traumatizante, com os filhos aceitando bem a nova situação dos pais. Somente maus casamentos que acabam em más separações é que continuam prejudicando os filhos. Portanto, não é a separação em si que prejudica os filhos, mas a má separação.

Uma grande mudança é que casais separados querem continuar com os filhos. Isso pode não ser novidade para a **maternagem**, mas é uma grande mudança para a **paternagem**. Era quase uma constante que os filhos do casal ficassem com a mãe. Hoje um bom número de pais reivindica o direito de permanecer com seus filhos.

É bastante comum os filhos pequenos ficarem com a mãe, e, quando se tornam adolescentes, eles mesmos pedem para morar com o pai. Alguns desses filhos acabam preferindo morar com o pai para escapar da maternagem e seus controles.

O que os adolescentes querem é não mais ser tratados como crianças. Quando os pais os tratam assim, estão desperdiçando a ajuda e o companheirismo que os adolescentes podem lhes oferecer.

O adolescente precisa dos amigos e dos pais de diferentes maneiras, e estes não são melhores que aqueles. Cada um preenche a seu modo as necessidades juvenis.

5. ADOLESCÊNCIA ANTECIPADA: GERAÇÃO *TWEEN*

Há 42 anos trabalho com adolescentes. Quando me perguntavam até que idade eu atendia, eu brincava, respondendo: "Adolescentes de qualquer idade!", e as pessoas sorriam. Hoje, dou a mesma resposta, e logo vem um pensamento comum. "É mesmo, existem adultos que são adolescentões", ou: "É mesmo, existem crianças metidas a adolescentezinhos!".

Essas expansões para menos idade, os *tweens*, e para mais idade, a **geração carona**, são novidades psicológicas, familiares e sociais que a média dos pais nunca viu nem tinha ideia de que viesse a existir.

O termo **tween,** na linguagem cifrada da informática, vem do corte da palavra inglesa *between* e significa uma etapa entre a infância e a adolescência. Em nada altera o desenvolvimento biológico, pois são crianças crescidas, de 8 a 12 anos, que na sua grande maioria ainda nem entrou na puberdade.

> **Os *tweens* são crianças que foram para a escola com menos de 2 anos de idade. São muito independentes e querem consumir produtos copiando os adolescentes. Os pais, em geral, não limitam os seus desejos de consumo.**

Funcionando como pequeninos adolescentes, os *tweens* são inteligentes, gostam de desafios, conversam "como gente grande", acham outras crianças muito chatas e já formam, dentro do que podem, pequenos grupos de semelhantes, com quem se comunicam intensamente via internet e celular, superespecialistas que são em teclados. Argumentam com boa propriedade com os seus pais, que, se se descuidarem, acabam sendo dominados por eles.

Nem sempre a convivência com os *tweens* é tranquila, principalmente quando estão atacados pelo desejo por um objeto de consumo. É preciso que os pais aprendam a negociar com eles, caso contrário, não há dinheiro que aguente.

Há situações com as quais os pais podem arcar, como o consumismo, mas em termos de comportamento é preciso muito cuidado, pois o corpo pode não estar ainda preparado para os programas que o *tween* quer fazer.

Fica difícil para os pais sem tanta folga financeira e não consumistas satisfazer os seus filhos que vivem em companhia daqueles *tweens* que acabam tendo tudo o que querem, pois seus pais consumistas fazem questão de dar-lhes tudo o que veem.

É comum outras crianças quererem ter o que os *tweens* têm. Mas, se os pais negociarem os desejos dos filhos com suas reais possibilidades, esses filhos terão uma boa educação administrativa e financeira, que vai ajudar toda a família. Leia mais no capítulo 3, item 5, *Negociação entre pais e geração tween*.

6. ADOLESCÊNCIA EXPANDIDA: GERAÇÃO CARONA

Após a adolescência, aos 18 anos de idade, vem a maioridade civil, segundo o Código Civil Brasileiro de 2002.

Mesmo aos 18 anos completos, o filho continua dependendo financeiramente dos pais e assim vai continuar até ter completado os estudos e desse modo conquistar a sua independência financeira.

Existe uma etapa, na qual eu situo o adulto jovem, que vai desde os 18 anos até a conquista da independência financeira, que considero como um **terceiro parto**.

Mas, como disse, não é raro encontrar adultos jovens na faixa entre 25 e 30 anos de idade morando ainda com os pais. "Ainda" porque, tendo já concluído o ensino superior, estão aptos ao trabalho, mas 70% deles não conseguem emprego. Essa **geração carona** é composta de adultos jovens com vida social independente, mas que ainda vivem à custa de mesada e moram como adolescentes na casa dos pais. É a adolescência invadindo a vida adulta.

Desde os 2 anos de idade, estuda bastante, sem nunca ter repetido de ano; agora formado, tem um diploma universitário na mão, mas está sem emprego. Ele não está só: engrossa a geração carona.

Essa geração concentra 50% dos 7,6 milhões de desempregados totais do país. Ela vive transitoriamente de carona na casa dos pais, até conseguir emprego e partir para a independência financeira. Esse período de carona é quanto dura o "terceiro parto".

Segundo a ONG Via de Acesso, apenas 30% dos adultos jovens trabalham em sua área de formação. Uma porcentagem menor infiltra-se nos negócios dos pais, e a grande maioria é obrigada a continuar estudando, qualificando-se melhor para enfrentar a competição cada vez mais acirrada por uma vaga de trabalho e um salário indigno de um universitário graduado. É revoltante. Mas tem que ser enfrentado (leia os capítulos 3, da parte 2, e 6, da parte 3, *Amor e negociações entre pais e filhos* e *O terceiro parto*).

No passado, era corrente a ideia que os pais tinham: "Enfim, a nossa parte acabou. Até agora demos tudo de que você precisou. Agora é com você. Com seu diploma na mão, você tem um futuro pela frente!".

Hoje, com a difícil situação socioeconômica do país, a **geração carona** e os seus pais vivem apreensivos, preocupados e angustiados com um futuro que lhes bate à porta, bem diferente daquele que tanto almejaram. Alguns, mais desanimados, se questionam: "Será que valeu a pena ter estudado tanto?".

Valeu, sim, porque está mais difícil o emprego para quem é pouco preparado, isto é, quem estudou somente até o colegial, e muito mais difícil ainda para quem é analfabeto. Valeu, sim, porque o estudo não serve somente para o trabalho, mas também melhora muito a qualidade de vida e amadurece a cidadania.

A maior dificuldade da **geração carona** é a de ultrapassar a etapa das entrevistas iniciais. Uma vez dentro das empresas, o estudo pode fazer a diferença. Um empreendedor sem estudo tem seu valor, mas seria melhor se tivesse estudado. Chegam aos melhores cargos as pessoas mais bem preparadas, que, aliás, nem são obrigatoriamente as que tiravam as maiores notas nas provas escolares. A vida é mais ampla e exige mais do que se exigia nas provas.

Uma pessoa, para se preparar para a vida, tem que desenvolver simultaneamente outras áreas e cursos complementares de preparo administrativo, financeiro, relacional, de empreendedorismo e outros tantos que podem oferecer as diferenças que estimulam a particular ascensão profissional.

Leia mais nos itens *Geração carona* e *Geração carona com sucesso*, no capítulo 6 deste livro.

CAPÍTULO 2

Adolescência: resumo do desenvolvimento biopsicossocial

UM TSUNAMI HORMONAL, um terremoto corporal e uma confusão mental. Dessa forma tem início a adolescência. A entrada em cena dos hormônios sexuais ocasiona a puberdade, um despertar sexual em meio a um tumulto vital.

Com a puberdade, tem início o amadurecimento sexual biopsicossocial. O adolescente muda aos poucos o seu modo de ser, num movimento "de dentro para fora", em busca de independência e autonomia. Adora (e precisa) ficar sozinho em casa e estar entre outros da mesma idade, virtual ou presencialmente.

A adolescência envolve tanto os pais como parturientes quanto os filhos como os que nascem.

Adolescentes adoram a escola: o que atrapalha são as aulas. Escola é lugar de reunir, fazer tumultos à porta, e não ficar sentadinhos, como "múmias", isolados nas suas carteiras...

Aborrescência é a adolescência tumultuada, que incomoda os pais. Acostumados a lidar com filhos crianças, os pais agora têm que se reorganizar perante os adolescentes. Mas os pais também podem ser os "aborrecentes" dos filhos. É necessário que os pais adolesçam (rejuvenesçam) juntos com seus filhos adolescentes (crescentes).

Puberdade é um amadurecimento muito mais biológico, e a adolescência, um desenvolvimento biopsicossocial. A adolescência envolve a puberdade. A puberdade começa para as meninas em torno dos 8-10 anos, e nos meninos, entre 9 e 11 anos.

Biologicamente, as garotas terminam a puberdade quando surge a **menarca**, em média por volta dos 11-12 anos. Os rapazes, com a mudança de voz, que se dá entre 13 e 17 anos. Mas a adolescência continua.

1. ETAPAS DO DESENVOLVIMENTO DA ADOLESCÊNCIA

ASSIM COMO a infância tem etapas de desenvolvimento, a adolescência também tem as suas, e elas foram inicialmente apresentadas no meu livro *Puberdade e Adolescência – Desenvolvimento Biopsicossocial,* publicado em 1985.

Por ordem cronológica, apresento as seguintes etapas do desenvolvimento psicossocial da adolescência, determinadas geneticamente:

- confusão pubertária;
- onipotência pubertária;
- estirão;
- menarca;
- mudança de voz;
- onipotência juvenil.

As características psicossociais não são como as biológicas, que inexoravelmente evoluem. Elas têm época para surgir, mas vão desaparecendo à medida que os conflitos são resolvidos. Os não resolvidos vão se acumulando para as etapas seguintes. Assim é que um onipotente juvenil pode apresentar ainda comportamentos de etapas anteriores ou mesmo infantis.

Apresento a seguir, muito resumidamente, essas etapas.

2. CONFUSÃO PUBERTÁRIA

Com o surgimento do pensamento abstrato, todo o esquema funcional anterior do cérebro, que era praticamente concreto, vai sofrer uma adequação. O raciocínio hipotético, as piadas de malícia, os subentendidos vão se acrescentando aos concretos, que não desaparecem imediatamente. É uma espécie de situação do novo-rico, com muito dinheiro, mas ainda simplório. Os confusos pubertários já entendem algumas ideias abstratas, mas só podem tratá-las concretamente.

> **Tal etapa precede as modificações corporais. Nas garotinhas, acontece por volta dos 9 anos; nos garotinhos, em torno dos 11. É a mente que organiza o esquema corporal.**

O garotinho começa a ficar desastrado e derruba copos e comidas quando come; a garotinha pisa nos pés dos pais quando os abraça. Eles perdem a noção de esquema corporal, que é a representação mental do próprio corpo. Na cabeça desse garotinho, sua mão ainda é pequena, e a garotinha não aprendeu que seu pé chega antes dela...

As garotinhas dão muita importância aos relacionamentos; os garotinhos, ao desempenho. É como se a autoestima feminina dependesse do número de amigas que ela tem, e a autoestima masculina, do que o garotinho é capaz de fazer.

Nessa fase, as garotinhas começam a desmontar o armário para sair. Quanto mais roupas tiverem, maior é a indecisão. As roupas servem para mostrar como elas gostariam de ser, crescidas, mas também escondem o que elas não gostam em si mesmas.

Os garotinhos ganham naturalmente mais força física, resultante da ação da testosterona nos músculos. Assim, vivem querendo experimentá-la por meio de competições, busca de lideranças, brigas territoriais.

Nessa fase, garotinhos e garotinhas ainda aceitam e frequentemente pedem a ajuda dos pais. No entanto, em geral, eles são mais desobedientes do que elas. Se um garotinho transgredir as regras e não acontecer nada com ele, passará a agir como se ele fosse o líder, o que significa que ele pode fazer o que quiser.

3. SÍNDROME DO 6º ANO[1]

Ao entrarem no 6º ano, as garotinhas já estão saindo da confusão pubertária. Seu pensamento abstrato está mais desenvolvido que o dos garotinhos, que ainda estão em plena confusão mental. Buscam no horário escolar a programação para quinta-feira, mas levam o material de sexta-feira. Estudam Geografia para a prova do dia seguinte, que é de História. Às vezes, os garotinhos nem entendem a pergunta que o professor faz. Eles apresentam uma incapacidade biológica de acompanhar o 6º ano e sofrem em razão desse descompasso. Não é de estranhar, portanto, o alto índice de repetência dos garotinhos nessa fase.

Ao conjunto dos sofrimentos apresentados pelos meninos/garotinhos no 6º ano do Ensino Fundamental, dei o nome de **síndrome do 6º ano.**

---

1 O 6º ano corresponde, hoje, à antiga 5ª série. O chamado "Pré" passou a ser o 1º ano do currículo do Ensino Fundamental, que, agora, tem obrigatórios nove anos de extensão.

E o pior é que as garotinhas do 6º ano ainda desprezam os garotinhos da sua própria classe, o que fere a autoestima masculina e prejudica ainda mais o desempenho e capacitação dos garotos.

Os meninos/garotinhos de 11 anos não estão prontos para acompanhar as exigências curriculares do 6º ano. Ao contrário das meninas, que, ao serem solicitadas, já estão maduras para atender à demanda. Têm a casa psíquica pronta e arrumada.

Os garotinhos precisam receber uma educação diferente, não por machismo, apenas porque funcionam de outro modo. Exigir deles o que ainda são incapazes de fazer complica muito a vida de todos, principalmente a deles, meninos/garotinhos. O mais sensato seria exigir de cada sexo o que fosse capaz de produzir.

Como sugestão, proponho que essa diferença seja levada em conta pela Psicologia e pela Pedagogia e que os educadores encontrem uma saída adequada para esse problema real, de raízes biológicas. Os meninos não têm culpa nem responsabilidade de não possuírem ainda o desenvolvimento necessário para acompanhar o 6º ano. O erro está mais no sistema, que exige do menino/garotinho o que ele não pode produzir.

Uma das possibilidades de equilíbrio é que os meninos entrem no 1º ano um ano depois das meninas, como já propus no livro *Puberdade e Adolescência – Desenvolvimento Biopsicossocial*.

Enquanto isso não se resolve, os pais podem ajudar os meninos/garotinhos na sua dificuldade de organização. Estabelecer a programação do dia escolar, conferir com eles o material e as datas das provas, e não se incomodar com as trapalhadas que eles vivem.

4. ONIPOTÊNCIA PUBERTÁRIA

Os ONIPOTENTES PUBERTÁRIOS estão na etapa do Deus Rebelde (para os garotos), em torno dos 13 anos (8º ano), e do Viver em Função da Turma (para as garotas), em torno dos 10 anos (5º ano).

A garotinha quer ter seu grupo de amigas. Viver em grupo é viver alvoroçada, falando muito sobre outras garotas e mal, se forem de outra turma. Telefonemas, bilhetinhos, torpedos, sites de relacionamento fazem parte de sua rotina. Mal chega em casa e já voa para o telefone ou para a internet.

Garotas que não se enturmam geralmente não estão bem. Como estão na onipotência pubertária, jamais aceitarão que sobraram ou que foram rejeitadas. Preferem dizer que elas é que não querem se enturmar e acham muito bobinhas e fúteis as enturmadas. Isso dura até conseguir se enturmar, quando considera ridícula "aquela" garota isolada.

Os garotos vivem a fase da onipotência pubertária a pleno vapor. Têm "muito hormônio para pouco cérebro". Cheio de testosterona, o garoto começa a apresentar algumas modificações corporais e várias outras comportamentais.

> **Quando engrossam os primeiros pelos pubianos, inicia-se também a formação de espermatozoides (semenarca). Do ponto de vista da reprodução, os meninos podem ser férteis, apesar da pouca idade.**

O que diferencia os garotos das garotas é o interesse pelo desempenho sexual. Enquanto não chega o grande dia do encontro sexual com uma mulher (seja ela quem for), ele se masturba diariamente.

O "testosterônico" garoto quer fazer valer o seu ponto de vista, mesmo que ainda não o tenha. Sua onipotência é uma reação convicta contra a solicitação e a imposição que o atingem. Ele ainda não se sente forte, mas tem que mostrar que é forte para a sua autoafirmação, a pedido da sua testosterona. É a **rebeldia hormonal**.

A oposição é uma forma de organização mental. O mau humor é frequente nessa etapa, e a raiva se transforma em ódio. Essa é a etapa em que o garoto mais briga na rua. Tem sempre um olho roxo, ou um esparadrapo na pele, ou a camiseta rasgada... Começa a enfrentar fisicamente os pais. Se a mãe lhe der um beliscão, mesmo com lágrimas nos olhos, afirma: "Não doeu!". Quanto mais aguentar o sofrimento e a dor, mais macho ele se sentirá.

5. SÍNDROME DO 8º ANO

EM GERAL, a onipotência pubertária se manifesta na escola da seguinte forma: o garoto não consegue estudar Matemática, então diz que "**decidiu repetir de ano**". Na verdade, ele encontra dificuldade na disciplina, mas proclama que não quer passar. Essa postura garante a ele a sensação de vantagem, já que não suporta a sensação de falência. Oposição e agressão são outros mecanismos de defesa.

Aos 13 anos, em plena onipotência pubertária e desprezados pelo sexo oposto, os garotos só pensam em sexo. É a idade da pornografia. Para eles, qualquer "carniça é filé-mignon". Por isso, as pernas da professora são mais interessantes que a aula.

A garota da mesma idade está duas fases adiante, na menarca. Vive a onipotência pubertária antes dos garotos, de um modo mais suave, já que os hormônios femininos estimulam o estabelecimento de relacionamentos, primeiro entre elas mesmas e depois com o sexo oposto.

Os garotos onipotentes exigem dos pais uma mudança radical de comportamento. Afinal, o filho não quer receber ajuda de nenhum adulto, muito menos dos próprios pais. Aceitar ajuda, na visão dele, é ser tratado como criança.

O que os pais podem (e devem!) fazer é ajudar na organização das tarefas, desenvolvendo a priorização das atividades básicas do dia a dia familiar e escolar. É importante que eles escolham os procedimentos a ser tomados para realizar o estipulado.

Convém lembrar que qualquer combinação deve ter um prazo de execução, e deixar claro quais serão as consequências, caso não cumpra a parte dele no acordo. Não dá para simplesmente aplicar alguma consequência sem antes ter combinado.

6. ESTIRÃO

É QUANDO SE OPERAM as maiores modificações corporais. O **estirão** se caracteriza por um grande desenvolvimento físico, dirigido sobretudo pelo crescimento dos ossos da coxa (fêmur) e da perna (tíbia e perônio). Geralmente, o mocinho cresce para cima e a mocinha para todos os lados: para a frente (seios), para trás (nádegas), para os lados (quadris), mas muito pouco para cima.

Na mocinha, o estirão costuma terminar com a chegada da primeira menstruação (menarca); portanto, ocorre em torno dos 11-12 anos de idade. É uma etapa curta, que leva em média de um a dois anos. No mocinho, começa depois dos 12 ou 13 anos. Ele cresce por dois ou três anos, até mudar a voz (mutação).

De 1967 a 2000, houve um crescimento médio de 8 cm na estatura dos jovens, causado pela melhoria das condições de vida, conforme estudos da Faculdade de Ciências Médicas da Unicamp.

O interessante é que, até para crescer, os mocinhos fazem uma coisa de cada vez. Primeiro o físico, depois a parte mental.

Por isso, é comum um mocinho de 14 anos, com 1,90 m de estatura, ouvir o pai com bastante atenção e, quando o pai lhe pergunta: "Você entendeu?", ele responder com aquele olhar distante: "Hã?", como quem não ouviu nada. A mocinha da mesma idade já entende tudo e capta inclusive a mensagem não explícita.

Nem sempre o estirão é visível para os mocinhos que não ganham tanta estatura. Nesses casos, parece que o corpo fica parado enquanto o cérebro amadurece aos poucos.

As filhas já começam a ser polivalentes nas ações e fazem pouco dos mocinhos da mesma idade, geralmente mais imaturos.

Quanto menor for a autoestima, mais defeitos o(a) mocinho(a) enxergará em suas mudanças físicas. As mocinhas ficam muito preocupadas com o desenvolvimento dos seios. Constantemente os examinam para ver se são simétricos, desiguais e estrábicos ou tortos, imensos ou ausentes.

> **São fases de angústia e timidez de se expor em público. Nessa idade é bastante comum as mocinhas quererem fazer cirurgia plástica estética. Mas não se opera o que está em pleno desenvolvimento.**

Os mocinhos ficam muito preocupados com o tamanho do pênis. Ganhando estatura, ou peso, a impressão que o mocinho tem é que seu pênis encolheu. O pênis só vai adquirir a proporção e a forma de adulto após a mutação da voz.

O estirão do mocinho geralmente é uma fase de muita timidez, com ataques de isolamento. Ele prefere ficar diante do computador, encontrando amigos sem se mostrar pessoalmente.

Já as mocinhas falam muito mais entre si, e se cotizam nas dificuldades, formando estratégias grupais de ação para "caçar" um mocinho. *Elas escolhem quem vai escolhê-las.*

Cabe aos pais não forçar os filhos tímidos a se expor publicamente, mas devem exigir o cumprimento de seus deveres, sejam quais forem as etapas.

7. MENARCA DA MOCINHA / MUTAÇÃO DA VOZ DO MOCINHO

TEORICAMENTE, é mais uma passagem ritualística do que uma etapa, pois é muito importante e dura pouco tempo, quando a mocinha vira moça, passando pela menarca, e o mocinho vira moço, passando pela mudança de voz.

A **mutação de voz** marca o fim do estirão dos mocinhos, por volta dos 15 aos 17 anos. Mesmo que o crescimento ósseo pare, as cartilagens continuam crescendo, entre elas, o pomo de Adão (gogó). É dentro da laringe que se encontram as cordas vocais, responsáveis pelo timbre da voz. Com o crescimento da laringe, as cordas vocais também crescem e se tornam mais grossas. A passagem do ar por elas faz com que vibrem, criando sons que, modulados, se transformam em voz.

Com as alterações das cordas vocais, é preciso que também se regule a quantidade e a velocidade do ar a passar por elas. Todas essas mudanças terão que ser absorvidas para depois serem automatizadas.

Se as cordas vocais ficam se alterando, dificilmente se consegue adequar a passagem do ar por elas, e é por isso que a voz se torna irregular e às vezes incontrolável. Assim, a voz pode ficar esquisita, parecendo um coaxar acompanhado de falsetes e grunhidos, ora bem mais finos, ora muito mais grossos. A laringe para de crescer quando o gogó fica pontudo.

> **O rapaz fica com a pele cheia de espinhas, que formam verdadeiros vulcões e crateras. Sua fala, um coaxar, e seu nariz gigante o fazem sentir-se um horror. Até a própria mãe pode achá-lo feio... É a idade do sapo.**

Pode estar feio do jeito que for, mas o moço fica intimamente feliz porque, junto com a orelha e o gogó, o pênis se desenvolve – justamente o que ele tanto queria. Achava que havia um defeito nessa parte. Afinal, vivia se comparando aos atletas sexuais dos filmes pornográficos.

Menarca é a primeira menstruação da mulher. Ela pode chegar entre 10 anos e meio e 13 anos, em média. Culmina o estirão da mocinha, quando praticamente a estatura e as características sexuais secundárias se estabilizam.

Nessa fase, o corpo da menina começa a ganhar contornos de mulher. Aumenta seu interesse por rapazes, e ela é tomada por paixões eternas que duram semanas, dias ou horas, até se apaixonar platonicamente por um príncipe encantado do Ensino Médio.

Com a mutação, o corpo do rapaz ganha contornos másculos, firmes, exuberantes, favorecendo a onipotência juvenil que está para chegar com toda a sua força.

8. ONIPOTÊNCIA JUVENIL

É A MANIA DE DEUS DOS JOVENS. Essa é uma das fases mais complicadas no relacionamento entre pais e filhos. Atinge as moças por volta dos 14-15 anos e os moços em torno dos 11-18 anos. A força biológica da reprodução está no auge, com uma inundação de hormônios na corrente sanguínea.

A ilusão onipotente de que jamais vão engravidar paira sobre eles... Um carro, e eis os moços sentindo-se poderosos e protegidos contra acidentes... Mais que pelos motores e combustível, seus impulsos e vontades na busca de sensações adrenérgicas são alimentados pela invulnerabilidade produzida pela **onipotência testosterônica.**

Nessa fase, muitos querem ter autonomia para escolher seus programas, vida sexual, experimentar drogas, beber muito, correr com seus carros, abusar de esportes radicais, viajar sem destino, na certeza absoluta de que nada de ruim vai acontecer justamente com eles. Mas ainda dependem dos pais para financiar seus programas.

CAPÍTULO 3
O cérebro do adolescente

UMA EXPLOSÃO EMOCIONAL diante de uma pergunta inocente dos pais não é provocada apenas pelas alterações hormonais. As estruturas mentais que inibem respostas intempestivas ainda não se consolidaram. Muitos estudos têm mostrado que o cérebro dos adolescentes é diferente do cérebro dos adultos e jogam por terra o velho consenso científico segundo o qual esse órgão nobre completa seu crescimento na infância.

Durante a puberdade ocorre uma verdadeira reconstrução do cérebro. Metade das conexões eletroquímicas que ocorrem ali é desfeita para ser refeita de modo diferente. Os investigadores chegaram a essa conclusão depois de analisar ao microscópio eletrônico cérebros de adolescentes mortos em acidentes.

O critério usado para essa reenergização do cérebro está na movimentação das sinapses. As vitais para a vida adulta vão ser reforçadas, e as inúteis ou prejudiciais ao comportamento maduro são simplesmente descartadas.

A vida do cérebro não é representada somente pelos neurônios, mas passa muito mais pelas suas sinapses. Os neurônios não se tocam. Eles soltam e recebem os impulsos-mensagens através dos neurotransmissores.

Os neurônios se comunicam, portanto, através dos seus neurotransmissores, que são mensageiros bioquímicos carregando as mensagens do neurônio transmissor para entregar ao neurônio receptor. Os neurotransmissores funcionam somente nas sinapses. A inteligência depende muito mais do número de sinapses do que do número de neurônios.

1. ONIPOTENTE, MAS IMATURO

A MAIOR PARTE das alterações pelas quais passa o cérebro na adolescência ocorre no córtex pré-frontal, área responsável pelo planejamento de longo prazo, pelo controle das emoções e pelo senso de responsabilidade. Essa área se desenvolve até os 20-25 anos.

Portanto, antes disso, o adolescente nem sempre está apto a processar todas as informações que precisa considerar na hora de tomar uma decisão. Esse achado revela que não se trata meramente de oposição aos pais, mas de uma limitação biológica. No lugar de avaliar os vários ângulos de uma questão, ele toma decisões por blocos. É como se fosse uma empresa com departamentos estanques, sem um presidente.

Os pais teriam mais condições de entender os filhos do que o contrário, pois não se pode exigir muito daquele que não amadureceu ainda. Faz parte daquele que é maduro ter um leque de opções para agir.

2. O CÉREBRO FEMININO AMADURECE ANTES DO MASCULINO

NAS MENINAS, o cérebro amadurece cerca de dois anos mais cedo. O hormônio sexual feminino, o estrogênio, tem papel importante na remodelação desse órgão. Os mesmos hormônios que provocam o terremoto corporal e a confusão mental, com o passar do tempo se incumbem de colocar ordem na casa.

Durante a maturação cerebral, a síntese de mielina, substância gordurosa e isolante que envolve os neurônios como o plástico de um fio elétrico, torna seu funcionamento mais eficiente. Mas, enquanto as áreas cerebrais de processamento emocional não estiverem maduras, o adolescente tenderá a revelar um humor instável. Encarar situações novas ou pessoas com opiniões diferentes pode levá-lo ao típico curto-circuito emocional, inexplicável durante tantas décadas e agora, finalmente, mais bem compreendido.

O cérebro amadurecido dos pais deveria tratar com especial carinho aqueles em amadurecimento, usando paciência para ouvi-los até o fim, para realmente entendê-los. No lugar de qualificá-los pejorativamente, e assim diminuir a autoestima, melhor seria perguntar-lhes como vão resolver eventuais dificuldades, obstáculos e problemas que surgirem pela frente. Focalizando cada hipótese e raciocinando sobre ela é que o(a) adolescente vai exercitando a prudência, a previdência, alternativas resolutivas e responsabilidades. É uma maneira de exercitar o amadurecimento.

CAPÍTULO 4

O equilíbrio humano

Todo ser humano quer ser equilibrado e feliz. E a felicidade é um estado biopsicossocial bastante subjetivo. Isso significa que cada ser humano pode ter seu próprio critério de avaliação sobre o ser feliz.

Sendo psicoterapeuta há mais de 42 anos e tendo vivido (e sobrevivido) a mais de 77 mil atendimentos psicoterápicos, estou agora tentando e ousando organizar didaticamente as buscas do ser humano para ser equilibrado e feliz. Para tanto, ele precisa conhecer bem o seu próprio funcionamento.

Começo pelo entendimento de como o ser humano funciona, tendo como base a teoria Psicodramática, criada por Jacob Levy Moreno, psiquiatra romeno que viveu nos Estados Unidos; a teoria do Núcleo do Eu, formulada pelo psicodramatista argentino Jayme Rojas-Bermúdez; a teoria do Desenvolvimento da Matriz de Identidade, criada pelo psiquiatra psicodramatista brasileiro José de Souza Fonseca Filho.

Depois de tanto tempo percorrendo as estradas da vida, sou um produto de várias influências externas mais as minhas próprias indagações, criações, práticas e vivências que, agora, ouso dizer, configuram minha linha de pensamento.

1. MUNDO INTERNO E MUNDO EXTERNO

O SER HUMANO vive em dois mundos em constante interação: **mundo interno** e **mundo externo**.

O mundo interno é tudo o que está dentro do ser e é constituído por um tripé formado pelo que ele pensa (área mente), sente (área corpo) e percebe do ambiente ao seu redor (área percepção do ambiente).

O mundo externo é tudo o que ele percebe e com que se relaciona, mas está fora dele, formado por outro tripé, que são os relacionamentos (familiares e sociais), atividades (escola e trabalho) e seu ecossistema (território e pertences).

"Penso, logo existo", do grande filósofo francês René Descartes, soa para mim como uma afirmação incompleta, pois posso sentir, pensar, fantasiar, sonhar acordado que sou um nadador, e não saber nadar. Para ser nadador, tenho que saber nadar. O que me qualifica como nadador é saber nadar.

Pensar precede o fazer, mas não adianta só pensar e não fazer. É a ação de nadar que me torna um nadador. Portanto, para eu existir, eu preciso agir. É no agir integrado com o pensar que o ser humano existe.

> **Pensar precede o fazer, mas não adianta só pensar e não fazer. É a ação de nadar que me torna um nadador. Conhecimento é informação em ação. Para existir, preciso agir. "Penso, sinto e ajo, logo existo" é o modo como eu existo.**

Um pensamento pode criar uma ação, assim como uma ação pode gerar um pensamento. Toda ação busca o mundo externo. Portanto, ação e pensamento são uma interação dos mundos interno e externo.

Um pensamento, uma fantasia, um sonho, um devaneio podem gerar uma sensação física, um sentimento, uma emoção, e vice-versa. Dessa forma, existe também uma interação entre os mundos externo e interno.

Se um filho (mundo externo) agride (ação) a mãe, seria natural ela sentir-se mal (área corpo); mas, tão logo pensasse nos motivos da agressão (área mente), reagiria (ação para fora) respondendo a ela. Mas, se a mãe nada manifesta (não reação), a força que seria gasta para a reação acaba sendo gasta para se calar (reação que se volta para dentro). A agressividade engolida pode ser transformada em depressão.

Fica bem claro que não é o fato de ser agredida que deixa a mãe deprimida, mas a não reação dela à agressão recebida. Nem sempre uma reação à agressão precisa ser uma contra-agressão. A mãe pode encontrar outros caminhos para não mais "engolir sapos".

Todos os estímulos (ações) podem chegar tanto de fora para dentro como de dentro de si para si. Com uma reação, uma pessoa tem a possibilidade de mudar o mundo externo e interno. Essa capacidade de alterar o rumo dos acontecimentos para melhorar a vida é uma das principais capacidades do ser humano.

A capacidade da nossa mente é incomensurável, muito maior que a concretude percebida pelos nossos cinco órgãos dos sentidos.

Uma das grandes diferenças entre o ser humano e o resto dos animais está na "área mente". Somos o único ser vivo capaz de ter valores superiores, de espiritualizar nossas crenças, e possuímos essa incrível propriedade do pensamento abstrato. Este nos destaca dos outros seres vivos, mas podemos pagar um alto preço quando essa "área mente" não funciona bem.

A maioria dos nossos conflitos, traumas, problemas de relacionamentos interpessoais tem origem na área mente. Educação, aprendizado, espiritualização, comprometimento, disciplina, ética, gratidão e cidadania fazem parte também dessa mesma área.

2. EQUILÍBRIO NO MOVIMENTO DO CAMINHANTE

PARA CAMINHAR pela vida em equilíbrio é preciso usar as duas pernas. É como se cada um dos mundos, o interno e o externo, fosse uma perna: cada perna deve estar apoiada em um tripé que integra três áreas.

Pouco adianta caminhar, se não houver uma direção. O ser humano sempre busca atingir um objetivo, dividindo-o estrategicamente em metas.

Para o ser humano integral, atingir objetivos materiais pode trazer no final certa insatisfação, pois ele talvez necessite do significado não material de tudo o que conquistou. É isso que busca a espiritualização ou os valores maiores que realizações materiais.

O sentido pode estar presente em tudo, desde os primeiros passos de uma longa corrida para chegar ao pódio, o lugar mais próximo de Deus. O pódio nosso de cada dia pode estar na caminhada, não obrigatoriamente na vitória. Cada passo dado, cada gesto feito, cada pensamento elaborado devem trazer em si uma realização ética, a proximidade com Deus.

A "área mente" pode nos elevar a Deus, mas não sairemos do lugar se não pusermos em ação a "área corpo". A ação corporal sozinha pode ser vazia, caso não esteja integrada à busca do pódio, espiritualizada pela **ética**. Uma pessoa julga-se muito ética no seu pensamento, mas é na ação que a ética se revela. A ética deveria ser como o oxigênio do nosso comportamento, para a saúde integral da nossa vida: essencial, porém quase invisível. A ética é discreta por princípio.

3. CAMINHANDO COM UMA PERNA SÓ

SE UMA PESSOA se baseia apenas no mundo interno para agir, considera só os próprios interesses e referenciais, é egocentrada. Vou chamá-la de *euísta*.

Ao contrário, se ela leva em conta apenas o mundo externo, faz tudo em benefício do outro sem se preservar, é altruísta. Vou usar o termo *outroísta*. Não uso o termo egoísta pela sua conotação pejorativa; tampouco uso altruísta pela conotação benevolente dada pela sociedade. Nem melhores, nem piores, *euísta* e *outroísta* são características inadequadas de personalidade.

O *euísta* não se acanha de usar seja qual método for para atingir seus objetivos usando o outro. O *outroísta* não se leva em consideração e sacrifica-se em benefício alheio sem focar seus próprios objetivos. Ambos não são éticos, o primeiro por usar os outros e o segundo, por deixar-se usar pelos outros. Não está integrada uma pessoa que usa ou um ou outro mundo para a sua ação. É como se andasse com uma das pernas, e não com as duas.

Uma pessoa saudável mantém o interativo equilíbrio entre os mundos interno e relacional. Essas duas "pernas" não estão soltas no tempo e no espaço, e sim apoiadas no *aqui e agora*.

4. VALORES SUPERIORES

HÁ MOMENTOS em que as pernas dobram, isto é, falham os mundos interno e relacional, o chão falta, a noção do tempo se esvai, mas a pessoa não tomba e sobrevive porque seu equilíbrio é mantido como se estivesse pendurado por um fio invisível, em seus **valores superiores**. Esses valores fazem parte da grande evolução da psicologia, historicamente pouco dedicada aos valores espirituais.

> **Os valores superiores transcendem os instintos animais, a matéria, o aqui e agora. Neles estão os grandes valores da humanidade: amor (afetivo e afetivo-sexual), gratidão, cidadania, religiosidade, religião, disciplina, solidariedade, ética.**

Para as religiões de um modo geral, o valor superior acima de tudo é Deus. Para os ateus, o valor superior máximo é o amor, uma forma de religiosidade.

Não há povo, primitivo ou não, sem suas crenças divinas. A religião foi construída pelos homens; então, foi o homem que fez Deus à sua imagem e semelhança – não o inverso. As crenças suprem a necessidade de algo acima de nós que nos equilibra nos momentos em que tudo parece perdido.

⋮

Vou apresentar, sem grandes pretensões filosóficas, mas focalizado na vida prática diária, os meus pensamentos acerca dos mais importantes valores superiores necessários à humanidade:

Amor: *O amor é o terceiro elemento que se forma a partir do encontro de dois seres. Ele não está pronto antes do contato das pessoas. É por isso que cada amor tem sua história própria, sua identidade, que traz dentro de si o DNA de cada um. No verdadeiro amor, o vínculo desenvolvido entre as pessoas é maior que elas próprias. Em nome do amor, um não trai o outro, mesmo na sua ausência. O amor também explica por que um homem, há dois milênios, aceitou e suportou ser crucificado para salvar a humanidade. Seu corpo faleceu, mas sua presença continua viva até hoje em meio aos cristãos. O amor de mãe para com seus filhos demonstra quanto eles são importantes, até mais que sua própria existência. O amor existe em todas as formas de relacionamento humano progressivo.*

Gratidão: *Sensação de bem-estar por reconhecer um benefício recebido. É uma sensação prazerosa que, transformada em sentimento, dificilmente é esquecida. Para reconhecer, é preciso primeiro identificar. Muitas crianças não são gratas aos seus pais, pois nem identificam o benefício recebido. Para que elas sejam gratas, é importante que os pais as ensinem a identificar o que outras pessoas fazem por e para elas, e como foi gostoso receber. É de boa educação que se agradeça o que se recebe. Agradeça em voz alta, clara e para fora, olhando no fundo dos olhos da outra pessoa. Assim, a gratidão passa a ter um significado de retribuição do bom sentimento que a pessoa teve quando fez ou trouxe o benefício para ela. O princípio fundamental é que não se maltrata aquele por quem sentimos gratidão. Portanto, a gratidão gera bons sentimentos. Temos que ensinar as crianças a serem gratas e manifestar a sua gratidão.*

Cidadania: *Pode-se aprender em casa desde pequeno, cuidando do brinquedo e guardando-o de volta depois de brincar. É a cidadania familiar. Quem não cuida pode perder o que tem.*

Quem cuida aprende o sentido de propriedade, de respeito, de preservar e melhorar o ambiente ocupado, de cuidar da casa, da escola, da sociedade, para sair do local e afastar-se das pessoas deixando-os melhores do que quando chegou. Entrou, acendeu a luz, usou o banheiro? Aperte a descarga, lave as mãos, limpe a pia e apague a luz antes de sair. É o mínimo que se espera que um cidadão faça. Não é preciso que haja alguém olhando. Faça por ser esse um valor internalizado seu (cuidar da sua sociedade e ser grato ao próximo).

Religiosidade: *Gente gosta de gente. É a força gregária que nos faz procurar uns aos outros; é o amor horizontal, num mesmo nível. Um recém-nascido já nasce identificando rostos humanos como se fosse algo atávico, quase genético. A religiosidade é a força de união entre as pessoas, uma sensação que precede o conhecimento delas. Só de ver uma pessoa, antes mesmo de conhecê-la, já estabelecemos com ela um contato diferente do que estabelecemos com o resto dos seres vivos neste mundo. Aos 3 meses de idade, o bebê identifica qualquer ser humano e sorri para ele, não importa se parente, amigo ou inimigo.*

> **Se essa religiosidade estivesse acima das pessoas, provavelmente o mundo teria menos preconceitos, exclusões, predisposições negativas a contatos com estranhos, e, assim, todos teríamos uma qualidade relacional de vida muito melhor.**

A religião é uma criação humana. Pessoas ligadas entre si, com crenças em comum, estabeleceram e organizaram códigos de ética e valores, hierarquias, rituais e locais cerimoniais com padrões morais próprios e fundaram uma religião, espirituali-

zando a religiosidade. É uma relação vertical entre a divindade e o ser humano.

Assim, a religiosidade precede a religião. É interessante observarmos que pessoas de diferentes religiões podem se ligar pela religiosidade, justificando casamentos e uniões entre aqueles cujas respectivas religiões são até antagônicas.

Disciplina: *Entendida não como ranço do autoritarismo, mas como qualidade de vida, a disciplina é um valor que tem que ser aprendido, desenvolvido e praticado para uma boa convivência social. Faz parte dela o princípio de que tudo tem um começo, um meio e um fim. Assim, deve-se terminar o que se começou. Não se deve tomar nada de ninguém, porque cada um deve buscar o que quer, e não se apossar do que o outro preparou. Bancar o espertinho e furar filas, atrapalhando a vida de quem quer que seja, não é ato cidadão. Portanto, disciplina faz parte da cidadania.*

Tudo tem o tempo certo para ser feito. Não se fazem grandes plantações nem se planta uma flor em tempo não adequado, como também não se colhem os frutos nem a flor quando se deseja, mas quando estiverem prontos. Para chegar à colheita, houve o tempo necessário. Assim também deveríamos respeitar e cumprir o tempo necessário até nos pequenos atos de cada dia. Não se toma uma condução na hora que simplesmente der vontade, mas sim quando há veículos (avião, ônibus, carros, navios etc.). Não se corre atrás da saúde somente quando se está doente.

Não se ganham competições sem preparo, tampouco se fazem campeões sem competência. A maior liberdade do ser humano é a liberdade de escolha, mas sua maior qualidade é a disciplina para realizá-las.

Solidariedade: *É a capacidade que os seres humanos têm para compartilhar entre si alegrias e tristezas, vitórias e derrotas, responsabilidades, necessidades etc. Quando bandos de gnus africanos migram em busca de água e pastagens, eles estão cumprindo um comportamento predeterminado pela genética. A força da migração é muito maior que a da solidariedade, pois, enquanto uns morrem, outros vão seguindo seu destino imutável. Quando um ser humano morre, o luto é um rito de solidariedade voluntária, quando todos dividem o sentimento de perda de uma pessoa querida. O sentimento de querer ajudar outra pessoa em dificuldade, de querer dividir as glórias conquistadas, é a base voluntária da solidariedade, que fortalece a cidadania.*

Compartilhamos as dores, fortalecemos os vínculos. Solidariedade e amor são entidades que, quanto mais são divididas, mais aumentam, num milagre matemático da vida.

Ética: *Se à criança os pais ensinam ativamente a prática da ética, esta passa a fazer parte do quadro de valores do filho. O que for bom para uma pessoa tem que ser bom para todos. Se uma criança faz algo que constranja os pais, por mais inocente que seja, ela não está sendo ética. Os pais não deveriam "engolir sapos", mas educá-la, dizendo que "não se faz o que não é ético", explicando que ninguém deve sofrer pelo que ela faz. Já disse anteriormente, mas vale a pena repetir pela importância que tem para todo ser humano: a ética deveria ser como o oxigênio do nosso comportamento, para a saúde integral da nossa vida – essencial, porém quase invisível. A ética é discreta por princípio. Hitler era inteligente, competente, empreendedor, líder público, mas não tinha ética relacional.*

5. O TETO QUE NOS PROTEGE

UMA CRIANÇA ENTENDE com o seu pensamento concreto a proteção que o teto nos oferece perante tudo o que possa cair sobre a nossa cabeça. Assim também os pais a protegem, mesmo que ela às vezes nem perceba. Mais tarde ela poderá entender que a atmosfera protege a Terra, assim como os valores superiores nos protegem contra o que nos aflige.

Os valores superiores não podem ser corrompidos por valores materiais, pois esses devem fazer parte da essência imaterial e abstrata do ser humano. A matéria tem seus valores até onde ela é necessária para a sobrevivência digna do ser humano. Se uma pessoa precisa de muito poder, dinheiro, fama etc., é porque seus valores estão ofuscados por outros brilhos materiais.

Poder, dinheiro e fama, quando são produtos de ações progressivas, são sempre bem-vindos. Eles podem representar o sucesso de objetivos pessoais, percorrendo-se um caminho ético.

Tudo fica mais complicado se o apego estiver nos valores materiais. Convém sempre lembrar que o poder é consumido pela aposentadoria, o dinheiro muda de mãos, e a fama é efêmera. Logo, tudo passa pelas mãos, vaza por entre os dedos, e perde-se o sentido da vida.

> **O equilíbrio de uma pessoa se apoia em suas duas pernas (mundos interno e relacional). Quando uma falha, a outra garante o apoio. Ambas se apoiam no aqui e agora expandidos. Quando tudo falha, ela se sustenta pendurada nos valores superiores.**

CAPÍTULO 5
Atropelando a idade biológica

UMA DAS CARACTERÍSTICAS dos dias de hoje é a grande velocidade com que tudo passa. Bandas musicais, celebridades, notícias, marcas e modelos são rapidamente substituídos. Hoje, uma garota de 10 anos pergunta a outra de 15 se "no seu tempo havia isto ou aquilo..."

É também sinal dos tempos que cada vez mais precocemente os irmãos menores queiram fazer o que os maiores fizeram.

Quem não conhece não teme. Por isso, é bastante fácil para os menores se arriscar em atividades que fariam qualquer adolescente titubear um pouco. Bem diferente da geração passada, que temia o que desconhecia.

Uma das maneiras de ajudar os jovens a crescer é estimular neles a ampliação do campo da visão, para que vejam para além do alvo.

As meninas mal completaram 9 anos de idade e já querem ir sozinhas com as amigas ao shopping, usando batom nos lábios e celular na bolsa.

> **Do ponto de vista biológico, a adolescência está começando cada vez mais cedo, talvez um a dois anos antes do que na geração dos pais. Do ponto de vista psicológico, no entanto, tudo está mais complicado.**

Hoje, crianças fazem reivindicações de adolescentes e são atendidas pelos pais. É o equivalente a pôr um carro nas mãos de uma pessoa que ainda não tem condições nem habilitação para dirigir.

Uma pesquisa do Cebrid/Unifesp de 2003 revelou um dado preocupante: as crianças estão entrando no mundo das drogas aos 10 anos. Vão à casa dos amigos, brincam, jogam no computador, fazem e experimentam o que têm vontade, inclusive drogas.

Crianças precisam de supervisão constante. As preocupações podem diminuir se as diversões não atrapalharem outras atividades, como acordar para ir à escola, interromper a internet para comer junto com os pais, manter o rendimento escolar.

1. IMITANDO OS MAIORES

A ADOLESCÊNCIA PRECOCE se manifesta quando os hormônios sexuais ainda não estão sendo produzidos, mas a criança imita os comportamentos típicos da adolescência. O corpo, no entanto, ainda é infantil. A precocidade é comportamental, portanto, social e psicológica. Em outros capítulos falo dessa geração *tween*.

> **As crianças sentem-se no direito de fazer o que os mais velhos fazem. Mas, como se trata de pura imitação, não têm condições de avaliar e muito menos de assumir a responsabilidade sobre o seu comportamento.**

Exigem telefone celular sem nenhuma finalidade, querem participar de festinhas nas quais a entrada de adultos é proibida. Às vezes, reivindicam tamanho poder a ponto de querer definir, inclusive, a escola onde vão estudar. E o que é mais grave: os pais atendem. Os pais acabam sendo marionetes em suas mãos.

Essas decisões não deveriam ser tomadas por eles. Nessa hora, é fundamental que as famílias tenham princípios educativos básicos: coerência, constância, consequência. Como um garotinho de 11 anos vai conseguir arcar com as consequências totais dos seus atos se é apenas uma criança? É nessa idade que ocorre a síndrome do 6º ano.

2. PODER SEM COMPETÊNCIA

Dê PODER ADMINISTRATIVO a uma criança ingênua e ela mostrará incompetência no poder. Utilizo a palavra ingênua não com uma conotação negativa, mas como sinônimo de falta de conhecimento.

Quem não tem conhecimento pode não ter **competência** necessária para resolver um conflito e acaba usando chantagens, birras, gritos, ofensas, agressões etc. Assim se constroem os tiranos.

Pais que são firmes, em vez de rígidos, conseguem melhores resultados com os filhos. A rigidez se quebra com os movimentos, e a firmeza se beneficia. O fanatismo é rígido, a crença é firme. Um corpo rígido não abraça, e nada mais caloroso e afetivo do que um firme abraço.

3. FILHOS REALIZANDO OS SONHOS DOS PAIS

Os PAIS PODEM estar incentivando tal precocidade quando acham que a coleguinha do filho é a sua namoradinha e o incentivam a dar-lhe um presente no Dia dos Namorados. Isso se torna muito grave quando eles mesmos compram o presente para o filho, que tem 3 anos de idade, para dar à sua namorada.

É bem possível que o desejo dos pais fosse maior que o do próprio filho, daí o incentivo inadequado. É de se perguntar o porquê de os pais incentivarem tamanha precocidade.

Atendi um casal com um filho de 13 anos que não queria estudar. A mãe achava que o estudo era importante, mas o pai achava que não. Era frequente o filho ficar confuso entre seguir as falas do pai e as da mãe.

Deixar para o filho resolver, quando ainda não tem competência para isso, é um dos meios que os pais propiciam para o filho empurrar a sua formação e responsabilidades para o futuro.

Ambos, pai e mãe, queriam que o filho realizasse os seus sonhos, indo e não indo para a escola. É claro que ele usava os sonhos dos pais para tirar vantagens imediatas, mesmo que prejudicasse o futuro.

4. PAIS NIVELANDO AS IDADES DOS FILHOS

ESSA PRECOCIDADE pode acontecer sobretudo quando existe uma pequena diferença de idade entre irmãos, mais ainda se forem do mesmo sexo. Por exemplo: os pais estabelecem que o filho mais velho, de 13 anos, só pode sair de casa se levar o mais novo, de 11, junto.

O de 13 anos não tolera pessoas de 12; de 11, então, menos ainda. Inundado de hormônios, quer sair sozinho de casa para se encontrar com um ou outro amigo. Se tiver que levar o menor, o garoto onipotente pubertário vai ficar muito sem graça de ser irmão de um pirralho que, além de não entender as piadinhas maliciosas, é um frangote e vive grudado nele.

De fato, o mais jovem ainda não tem como acompanhar o pensamento dos maiores. Não é possível exigir dele o que ele ainda não desenvolveu.

O garoto de 13 está também na idade da curiosidade sexual; o garotinho de 11 está na confusão pubertária. Uma piadinha muito interessante para o "macaquinho" pode nada despertar no "confusinho". Se os maiores lhe perguntarem "Você entendeu?", o menor pode responder "Não entendi", o que será motivo para levar uma barulhenta gozação, acompanhada de um safanão.

Com essa imposição, "Só vai se levar o seu irmão", talvez os pais pensem que estão estimulando um forte relacionamento entre os filhos. Na verdade, porém, criam mais indisposição entre eles e estimulam a adolescência precoce no mais novo.

Assim, em vez de promoverem o grande sonho de ver os filhos unidos como "unha e carne", os pais acabam promovendo intermináveis brigas, gerando "unha de um na carne do outro".

CAPÍTULO 6

De garotinha a mãe num só pulo

NA ERA DO "FICAR", o ritual do cortejo tem sido abreviado ao máximo, e os adolescentes muitas vezes embarcam em atividades eróticas com desembaraço. A falta de maturidade os leva a se expor a situações arriscadas, que podem trazer consequências sérias para eles próprios e sua família. Mas quem carrega a gravidez dentro de si é a garota.

A menina vira mulher, isto é, adquire a capacidade de engravidar, em dois a quatro anos, e o menino com 13 anos já pode, como já disse, ser fértil antes mesmo do estirão.

O carinho, que antes tinha um significado afetivo, agora ganha conteúdo sexual, regido pelos hormônios.

Assim, o "ficar" é uma manifestação mais sexual que afetiva. Se os "ficantes" se permitirem seguir somente o curso biológico das manifestações de carinho, chegarão à relação sexual e à consequente possibilidade de gravidez, já que são férteis.

Conclusão: até para "ficar", é preciso ter preparo e cuidado para não engravidar. A gravidez precoce é um sucesso biológico e um fracasso psicológico e social.

1. DA "FICADA" PARA A GRAVIDEZ PRECOCE

Os AMADURECIMENTOS psicológico e social levam muito mais tempo que o biológico. Assim, os "ficantes" podem ser atropelados pelo biológico.

Na evolução para a relação sexual, o carinho passa do sensual e erótico para o sexual. O corpo pede que se cumpra o biológico, isto é, busque a saciedade sexual, que é o orgasmo.

> **Para o "ficante" que já teve relações sexuais, os carinhos caminham rapidamente pelos trilhos que o corpo já conhece, que levam o macho a querer penetrar e a fêmea a ser penetrada.**

Para o "ficante" que nunca teve relações sexuais, o controle dos carinhos no sensual, ou até mesmo no erótico, é mais fácil porque o corpo ainda não abriu o caminho até a relação sexual.

Quanto ao casal "ficante", aquele já teve relações sexuais quer chegar até lá, mas o que nunca teve obtém controle suficiente para parar antes de chegar. Assim, o relacionamento fica desigual, pois, enquanto para um já chega, para o outro é insuficiente e ele sempre quer mais.

É nessa diferença que se esconde o perigo. Geralmente o garotão, por ser mais ousado, vivido, apressado e até mais velho, quer sempre levar a garota por caminhos que ela ainda desconhece.

A garota geralmente acredita que tamanho empenho dele na "ficada" pode ser amor, quando verdadeiramente ele está sexualmente excitado. Ela se entrega apaixonadamente a quem simplesmente a deseja sexualmente. Se por acaso ela chegar a ter relações sexuais com ele, perceberá que o interesse dele começa a cair à medida que se satisfaz sexualmente.

2. GRAVIDEZ NA ADOLESCÊNCIA

Um dos maiores problemas da adolescência é a gravidez. Mas ela pode ser evitada. Meu empenho neste capítulo é para que gravidez seja um tema aberto às conversas em casa, entre pais e filhos, entre irmãos, para que todos tenham intimidade suficiente e possam preveni-la. Dificilmente um jovem consegue prevenir algo que não conhece.

A seguir, apresento o panorama desse grave problema social, a gravidez na adolescência. Os dados foram coletados de pesquisas recentes feitas por instituições sérias e publicados em revistas semanais de informação.

- Segundo o IBGE, a adolescente brasileira tem mais probabilidade de engravidar (14%) do que de terminar a faculdade (7%).
- Uma em cada dez estudantes brasileiras engravida antes dos 15 anos. No país, a taxa de fertilidade só cresce nessa faixa etária.
- De 1970 a 1991, os índices de gravidez entre 15 e 19 anos cresceram 26%.
- As jovens que engravidam deixam os sonhos de lado para assumir uma responsabilidade muito grande para a sua idade.
- Cerca de 72% das gestantes adolescentes voltam a morar com os pais; 65% pertencem a famílias que ganham até um salário mínimo *per capita* e 70% ficam desempregadas. Em outras palavras: na classe desfavorecida, a mãe adolescente perpetua a pobreza.
- Se a jovem pertence à classe média, a gravidez precoce atrapalha os estudos e, portanto, as perspectivas de carreira e de relacionamentos. E a gravidez pesa nos ombros dos avós.

- Apesar de terem muita informação, os jovens ainda acreditam em mitos como: "Não há perigo de engravidar na primeira transa".
- Os rapazes se recusam a usar camisinha. Temem que esta reduza o prazer ou atrapalhe a ereção.
- As garotas têm medo de insistir para que o parceiro use camisinha. Na pesquisa do Instituto Cidadania feita com 3.500 jovens, 54% das meninas declararam não ter usado camisinha na última relação sexual.
- Elas também rejeitam a pílula por "medo de engordar". Conhecem os contraceptivos, mas os utilizam de maneira precária.
- Recorrem à pílula do dia seguinte, que tem um alto índice de falha, mais de 20%, contra menos de 1% da pílula anticoncepcional.
- 40% dessas mães adolescentes têm outro filho em menos de três anos.

Para jovens atentos e responsáveis, essas informações seriam rapidamente transformadas em conhecimentos práticos na prevenção à gravidez.

3. GAROTA SE TRANSFORMANDO EM MÃE

UMA ADOLESCENTE pode até sonhar um dia, no futuro, ficar grávida, ter bebê. Um dia significa quando ela estiver em condições físicas, psicológicas, sociais e financeiras para isso.

Para engravidar, hoje, é necessário que uma mulher esteja biologicamente amadurecida e preparada psicologicamente, com um companheiro para formar uma família, e que tenha dinheiro suficiente para prover e educar o filho.

Um companheiro significa um homem também amadurecido, psicologicamente preparado para formar uma família, e que tenha uma fonte de dinheiro estável (emprego, ofício, herança) que garanta as despesas de uma casa com criança.

Mesmo que conscientemente não queira filho, se uma mulher, não importa a idade, engravida, ela muda de ideia, pois seu instinto de maternidade entra em ação.

Uma vez grávida, pouco importa se a gravidez foi planejada, um descuido da prevenção ou até mesmo resultado de um estupro, nada a impedirá de prosseguir com a gestação. É a lei biológica da gravidez.

4. GAROTO VIRANDO PAI

Enquanto tudo isso acontece na psique e no corpo da mulher, o que acontece com o homem?

O homem das cavernas nem sabia que ele era o responsável pela gravidez. Nem ele nem a mulher conheciam a origem da gravidez. Somente quando o homem deixou de ser nômade e começou a se fixar à terra, porque descobriu a agricultura, é que os núcleos começaram a funcionar como famílias. Descobriu-se nessa época a paternidade. Isso foi há 12 mil anos.

Portanto, o homem não tem como saber se é pai ou não, pois ele não apresenta nenhum preparo hormonal nem mudanças corporais para ser pai. O homem continua biologicamente como reprodutor e disseminador do seu sêmen.

Ele espalha seus genes pelo universo, mas quem garante a sua perpetuação é a mulher.

CAPÍTULO 7

O quarto do adolescente

O ADOLESCENTE PRECISA de um espaço próprio. O quarto geralmente é seu canto. Reflete seu estado de espírito, as crises pelas quais está passando, ou até mesmo um estilo que resolve adotar; portanto, é até esperado que seja um tanto desordenado, bagunçado ou diferente do resto da casa. Mostra um pouco da sua autonomia comportamental.

Desordem é quando o quarto está mal-ordenado, cama por fazer, mas limpo. Bagunça é quando, além de o quarto ser deixado em desordem, há roupas reviradas ou sujas, lixos, restos de comida, teias de aranha etc.

> **A interferência é necessária nos quartos bagunçados. Limpar o quarto pode ser até função de empregadas ou arrumadeiras, mas, se o território é do adolescente, é ele quem tem que cuidar do que lhe pertence.**

A relação que o jovem estabelece com a empregada da casa é um exercício no qual ele tem que aprender a lidar educadamente com as pessoas que lhe prestam serviços. São pagos, mas não são escravos. Ele tem que reconhecer e agradecer à empregada que o ajudou.

O mau costume é sair deixando sempre o quarto bagunçado e trancado. O jovem acostuma-se com a sujeira e pode chegar até a achar natural viver num "lixão".

Quem usa mal o seu território não está pronto para tê-lo; portanto, tem que devolvê-lo aos pais. Estes poderiam lhe restituir esse território aos poucos, conforme o aprendizado e as conquistas do jovem.

1. "FOLGADOS" VIVENDO NA BAGUNÇA

Os JOVENS QUE TENHO ATENDIDO, que trazem seu quarto na bagunça, em geral são "folgados". Todo "folgado" se mantém graças a um "sufocado" que o sustenta. Raramente o "folgado" promove modificações. Estas têm que partir dos "sufocados".

Até que a sorte de um "folgado" se apaixonar por uma garota que detesta bagunça aconteça, é preciso que os "sufocados" se rebelem contra essa tirania, mesmo que os "folgados" sejam simpáticos e agradáveis.

Existem "folgados" muito espaçosos e invasivos, que acabam atacando armários dos outros porque não encontram as próprias roupas, toalhas etc. Minha sugestão é que ninguém cuide das roupas deles, apenas proteja as próprias.

Os "folgados" estão acostumados a jogar no chão os pertences sujos e usados porque estes magicamente ressurgem limpos e passadinhos nos seus armários dias depois.

Duas medidas, um tanto trabalhosas, porém muito eficientes, que a família "sufocada" pode adotar:

❋ Resista ao máximo a emprestar para o "folgado" as suas roupas, que foram cuidadas e conservadas limpas. Não é ético que o "folgado" use de qualquer jeito roupas alheias guardadas com tanto carinho. Mesmo que para isso seja necessário usar trancas e chaves nos armários e roupeiros. O mesmo vale para toalhas limpas.

❋ Ajude a arrumar o quarto bagunçado, colocando um grande saco plástico onde o "folgado" possa depositar suas roupas usadas e toalhas molhadas. Caso ele não o faça, vale a pena começar a "ajudá-lo". Quem passar pelo quarto dele pegue o que estiver no chão ou em lugar inadequado e coloque dentro do saco *trash*. Nesse saco, estarão todas as roupas e toalhas molhadas juntas se acumulando. Não reponha toalhas nem roupas novas.

O "folgado" se recusará a usar "toalha mofada e úmida" após "aquele banho maravilhoso". É claro que vai pegar a primeira toalha limpa e seca que encontrar seja em qual quarto for. Mas, se as toalhas estiverem "trancadas", ele não terá acesso a elas. Provavelmente ficará uma fera, mas aprenderá a cuidar daquela sua toalha limpinha, sequinha, cheirosinha a lhe abraçar o corpo molhado.

2. ISOLADO NO QUARTO E CONECTADO AO MUNDO

NA GERAÇÃO PASSADA, ir para o quarto era um castigo dos mais comuns que os pais aplicavam aos filhos quando faziam o que não deviam ou deixavam de fazer o que deviam. Lá, eles estariam isolados do convívio familiar e dos amigos, sozinhos para refletir sobre suas atitudes.

Fechar-se no quarto hoje é estar longe da família, mas conectado ao mundo via internet, telefone, televisão...

É bastante comum ouvir dos jovens o que uma paciente de 16 anos me disse:

> "Meu quarto é meu mundo. Nem bem entro em casa, corro para o meu quarto. Conecto a internet, entro no meu blog e no Facebook, digito o que eu quero desde pensamentos, recados, fatos, fantasias, frases bonitas... É o meu diário, onde nem sempre falo a verdade. Às vezes, quero aparecer, outras, me esconder. Tem dias que escrevo que tenho amiga interessada num carinha. Essa amiga sou eu disfarçada para saber o que o carinha pensa, se eu tenho chance com ele, pois sei que ele entra no meu blog. O MSN dá sinal que me chama, então entro nele, bato um papo. Já nem uso mais tanto o ICQ. Pelo celular mando, recebo e respondo torpedos. Tudo isso enquanto estudo um pouco sem esquecer de deixar a televisão ligada, mas sem som. Ufa! É um movimento danado!"

Assim, há muitos jovens que não mais precisam sair de casa para ir às esquinas e padarias, pois do quarto entram nas esquinas e padarias virtuais. Nestas, assim como nas presenciais, existem boas e más companhias e bons e maus artigos a ser comprados. Existe a segurança física de estar dentro do quarto em casa, mas a insegurança virtual ronda a sua vida.

Quando o filho não sai do quarto, se a mãe estiver disposta, pode preparar o jantar em duas bandejas, para ele e para ela, levá-las ao quarto e assim garantir um tempo de convivência enquanto comem. É obrigação da mãe verificar antes se isso é possível, para não correr o risco de estar sendo invasiva e inconveniente.

Porém, refeição é uma das poucas oportunidades para a família se alimentar da convivência, e não do simples sentar para comer. O mais importante é o alimento afetivo que vem através dos papos descontraídos e alegres, atualizações do que cada familiar está fazendo, episódios pitorescos etc., sem a finalidade de acertar contas, fazer cobranças, nem de reclamações.

3. FORMANDO UM CIDADÃO

Se um filho não cuida das suas próprias coisas nem do seu próprio quarto, ele não aprende a cuidar da própria casa. Então, como esperar que ele cuide da sociedade?

> **Para desenvolver a cidadania, ele tem que aprender que o que é bom e/ou cômodo para um não pode prejudicar os outros.**
> **O filho já tem que começar a praticar a cidadania familiar dentro da própria casa.**

Um filho pode ter se acostumado a viver na bagunça, mas ele não pode impor essa bagunça a quem não é bagunceiro.

É a confusão que existe entre estar acostumado e estar bem. Não é porque ele se acostumou com a bagunça que ela é boa. Se a família dele se incomoda com a bagunça, é ele que tem que amadurecer, e não a família, que deve regredir, aceitando esse comportamento retrógrado do filho.

Mil vezes, em vez de criticar, o pai deve simplesmente exigir que arrume o quarto, combinando que prejuízos o filho vai ter cada vez que o quarto estiver na bagunça. É o princípio da coerência, constância e consequência sendo aplicado.

4. DICAS PARA A ORGANIZAÇÃO

Os FILHOS TÊM que aprender a se organizar desde pequenos. Criancinhas de 2 anos de idade já sabem separar brinquedos por categorias. Por que adolescentes misturam tênis com CDs, camisetas com sanduíches e livros? Onde foi parar o senso de organização?

É preciso exercitá-los para recuperar esse senso. Cada coisa no seu lugar: camiseta no armário, livro na estante. E que haja uma caixa de bagunça grande o bastante para que caibam os objetos que causam bagunça. Cada coisa no seu lugar, lixo no lixo e bagunça dentro da caixa de bagunça.

É importante que desde cedo o filho comece a cuidar de alguns setores de sua vida, como roupas, higiene e o próprio quarto.

Pouco progressiva é a mãe rabugenta, a que reclama, mas faz o serviço. Melhor seria se fosse risonha, mas nada fizesse, pelo contrário, ainda cobrasse firmemente a ordem.

Ser firme não é gritar, ficar nervosa, agredir. É não mudar de opinião, mesmo que os filhos fiquem se debatendo no chão e revirando os olhinhos.

Os pais devem se lembrar a toda hora de que sempre é tempo para aprender. Se o filho já aprendeu, é tempo de exigir que faça o que sabe. Somente a prática leva ao hábito.

CAPÍTULO 8
Adolescente, um deus com frágeis pés

Um casal desesperado me trouxe uma carta que estava em cima da mesa do café da manhã. Era do filho, uma carta de despedida, e havia sido endereçada a eles e aos amigos.

O rapaz dizia que ia se suicidar. Sua vida havia acabado na hora em que a garota que lhe interessava não quis mais nada com ele. *"Minha esperança morreu, assim como tudo para mim."* Sentia-se um perdedor, sem emprego, sem diploma, mesmo sendo *"boa pessoa, tendo boa família e os melhores amigos do mundo"* e *"amando todos e continuarei amando muito a garota de onde estiver".* *"Toda vida é preciosa, engraçado, menos a minha…".* Terminava a carta com um pedido, despedindo-se de todos: *"Por favor, me enterrem ao lado da pessoa X, ou me cremem e joguem as cinzas no mar, onde tiver muitas baleias para eu poder viver a minha eternidade com elas. Adeus a todos. Lembrem-se, a estrela mais solitária no céu serei eu".* Foi socorrido a tempo.

Já outro rapaz não teve a mesma sorte. Um excelente filho, dedicado aos estudos, nunca bebeu na vida. Fez o vestibular e conseguiu ser aprovado. Quando soube o resultado, saiu para comemorar com os amigos. Bebeu além da conta e morreu ao espatifar seu carro numa das avenidas marginais, em São Paulo.

Muitas tragédias acontecem. Um casal de namorados planejava viver um sonho de amor entre o príncipe e a princesa morando no "castelo" dos pais dela, e acabou em um terrível pesadelo. Esses pais foram vítimas de um crime bárbaro que abalou não só a cidade de São Paulo, mas o Brasil e o mundo. Foram mortos a pauladas, enquanto dormiam à noite.

Embora com roteiros diferentes, as três histórias têm um denominador comum: a onipotência juvenil. Em todas elas, existe a suposição de poder sobre a própria vida e a dos outros.

1. PERSONALIDADE COMO A PALMA DA MÃO

PODEMOS COMPARAR a personalidade de uma pessoa com a palma da mão, e com os dedos os seus diversos papéis e/ou funções.

Um adulto exerce diversos papéis: motorista, marido, profissional, pai, filho, provedor etc. Mas ele não pensa em suicídio se houver frustração em um dos seus papéis.

Um adolescente, ou uma personalidade não amadurecida, ainda não distingue bem a diferença entre a palma da mão e os dedos. Muitas vezes ele acha que um dedo vale mais que a palma da mão. É quando um detalhe acaba com o todo.

A ideia de suicídio veio num momento de desespero afetivo, por ter sido rejeitado. Era para ele tão importante ser aceito e amado que a família, amigos e faculdade ficaram cobertos pelo manto da depressão.

É a lei do "tudo ou nada", bastante comum na onipotência. No tudo, ele se sente o máximo da força de vida para, em seguida, continuar se sentindo o máximo da morte, do nada. Ao tentar o suicídio, ele estava fazendo uso de um poder sobre a vida, só que do lado da morte.

O rapaz que tentou o suicídio foi tão onipotente a ponto de não reconhecer que outras pessoas poderiam ajudá-lo. Faltou-lhe a sábia humildade para confiar nos pais e nos amigos.

Para quem tem poder real, seus pés não são tão frágeis a ponto de querer se matar. A onipotência é um exagero na sensação subjetiva de poder. Sentir-se poderoso faz parte do ser humano saudável, mas ter poder absoluto, isto é, ser onipotente, está fora da realidade. O real poder está na palma da mão, que comanda os dedos, e não o inverso.

2. VESTIBULAR AUMENTANDO A ONIPOTÊNCIA JUVENIL

O VESTIBULAR DETERMINA o futuro do estudante. Ser aprovado no vestibular é uma grande alegria para o vestibulando, para a sua família, parentes próximos, amigos... Porque é um marco importante na vida de qualquer pessoa.

Há aprovados que se sentem superiores aos outros vestibulandos reprovados. Esses onipotentes costumam ficar arrogantes, antipáticos, horríveis na convivência. Muitos pais dão carro aos filhos que começam a faculdade. Afinal, é um outro nível de vida, um novo *status*. Para eles, vir a ser um grande profissional é só uma questão de tempo.

Há pais até que passam a se submeter mais aos caprichos desses filhos, pois eles venceram o grande degrau existente entre o ensino médio e o superior, principalmente os pais que não fizeram faculdade. Piora tudo quando os filhos destacam essa diferença para menosprezar os próprios pais.

Felizmente, a maioria dos aprovados que têm pais nessas condições sente orgulho daqueles que, mesmo "sem estudo", conseguiram "dar estudo" aos seus filhos.

3. UM DEUS SOBRE QUATRO RODAS

NINGUÉM SAUDÁVEL pode se sentir deus só porque tem a ousadia de pisar fundo no acelerador do seu carro. Há pessoas que, quando estão ao volante de um carro, se transformam. Elas se confundem com a máquina e sentem-se tão poderosas quanto a potência do carro, tão invulneráveis quanto a proteção que a lataria lhes confere, tão reis que fazem do habitáculo o seu palácio... Ai de quem chegar perto; "merece morrer" quem encostar neles, que são ao mesmo tempo carro e pessoa.

Ao jovem meio tímido, podia ser até que ninguém desse atenção numa balada, mas, na rua, não há como não reparar nele, pois sua personalidade o transforma em deus, porque agora veste seu carro, que "fala" alto (som), faz barulho (escapamento), tem pressa (dá arrancadas "cantando" pneus), fica parado ("vitrinando", pois o jovem onipotente e o seu carro ficam estacionados, colados um ao outro), expondo-se para ser visto e admirado por outros que gostariam de estar no lugar dele. Agora ninguém pode com ele. Mesmo que o carro seja do seu pai...

4. BEBIDA EMBRIAGANDO O SUPEREGO

A PRIMEIRA ESTRUTURA psíquica que a bebida embriaga é o superego, o responsável pelo controle social do comportamento do ser humano.

O superego começa a ser formado assim que a criança inicia o aprendizado dos padrões comportamentais vigentes ao seu redor. Um superego muito exigente e rígido provoca a inibição e a timidez, porque faz a pessoa sentir que não pode errar.

Nos primeiros tragos, quando o bebedor começa a perder a inibição, dar gargalhadas ou abraçar as pessoas, coisas que normalmente não faz, significa que o seu superego já começou a ser atingido. Juntando à taquicardia a sensação de calor e euforia que o álcool provoca, mais o nocaute do superego, o bebedor fica totalmente à mercê dos seus instintos mais profundos e passa a fazer e a falar tudo o que lhe passar pela cabeça.

Está agora alcoolizado, menos de 1 g/l (grama por litro) de sangue, mas sente-se muito bem e livre para fazer tudo, sem perceber quanto suas coordenações visual e motora estão alteradas, suas reações, mais lentas e sua capacidade de avaliação da situação, prejudicada. É a onipotência alcoólica em plena ação. O momento é muito perigoso, pois se perde a noção do risco de morrer.

Um jovem de porte médio chega a esse ponto com três latinhas de cerveja, ou 1,5 dose de uísque. Equivale de 0,6 a 0,9 g/l de sangue.

Quanto mais se aumenta o teor alcoólico no sangue, maior é a probabilidade de acidente. Com cinco latas de cerveja, a probabilidade aumenta seis vezes. Com sete latas, 25 vezes.

Mesmo que não fosse tão onipotente juvenil, nem tivesse histórico prévio de alcoolismo, aquele jovem que se viu aprovado no vestibular ficou tremendamente feliz e sentiu-se vitorioso como os demais aprovados. "Eu consegui", gritava ele...

Nessa euforia, não haveria como não comemorar, ou melhor, "bebemorar" com os amigos. Em grupos, os jovens se estimulam a beber mais. Não importam as razões que motivaram o jovem a beber, o álcool tem o seu próprio funcionamento dentro do corpo, determinado quimicamente, e não segundo a vontade do bebedor.

Despediu-se alcoolizado da turma e pegou o carro. Esta foi a última lembrança que ficou para os amigos.

5. ONIPOTÊNCIA PROVOCADA PELAS DROGAS

O TRÁGICO é que as drogas e o álcool aumentam essa sensação de onipotência. O jovem sente-se ainda mais poderoso, imaginando que controla a droga e não vai ficar viciado. Isso não é verdade.

O único controle que os moços podem ter é enquanto a droga está fora do organismo deles, isto é, se não a usarem. Se usarem e errarem a dose, expõem-se ao risco de overdose; ao dirigirem alcoolizados, podem, como vimos, sofrer acidentes de trânsito.

Hoje as moças estão também abusando de drogas, submetendo-se a situações tão ou mais perigosas que as dos moços.

Tudo acontece na intimidade bioquímica dos neurotransmissores pelo circuito do prazer. O cérebro tende a repetir o que lhe dá prazer. O prazer estimula o cérebro a procurar a droga.

É muito comum um jovem sair de casa com a intenção de não usar droga. Quando encontra os amigos e bebe uma cerveja, acaba usando-a. Ao voltar para casa, não entende por que usou. Ele ainda não compreendeu que a droga faz um trabalho cerebral, registrando o prazer que provoca. Já está dentro dele a vontade de usá-la, que ele acredita que controla. Basta beber um pouquinho que perde o controle.

6. ONIPOTÊNCIA ALIMENTADA PELA PAIXÃO

Um casal de jovens, menores de 18 anos, apaixonados entre si, dizendo aos pais que iriam viajar com amigos, foram sozinhos para um lugar a que nunca haviam ido antes para viver seu grande amor em um fim de semana.

Teria sido muito natural, e nem os respectivos pais saberiam, se ambos não tivessem sido brutalmente assassinados.

Os jovens, sem nenhum preparo mais cuidadoso, foram para um município pertencente à Grande São Paulo; estavam passando a noite numa choupana abandonada em estrada de pouco uso, dormindo praticamente no chão. Estariam vivendo provavelmente "o amor e uma cabana".

Ficou a dúvida: sendo de classes média e média alta, estudantes de boas escolas, viajados, por que foram a esse local?

O local, onde bandidos se refugiam, é ermo, e a polícia praticamente não faz suas rondas lá. A choupana abandonada devia estar suja e cheia de insetos, sem as mínimas condições de alguém sequer entrar nela, e o casal foi passar a noite ali... Não se pode entender tal gesto.

Um Romeu e uma Julieta são capazes de tudo para viver seu amor. Desconsideram os perigos, os riscos de morrer e de gravidez, os relacionamentos com outras pessoas, mormente os próprios pais. Parece que tudo vai acontecer maravilhosamente e que a vida pode ser vivida mesmo numa cabana, se houver muito amor...

CAPÍTULO 9

Sexualidade feliz

SEMPRE SE DISSE que o homem está mais voltado para o sexo e a mulher, para o afeto. O que não se sabia era que essas diferenças tinham imensa força dos hormônios testosterona, estrogênio e progesterona.

É importante conhecer como esses hormônios agem no nosso comportamento para termos mais controle e usufruto da vida afetiva e sexual, otimizando o que Eliezer Berenstein, ginecologista e obstetra, chamou de **inteligência hormonal.**

Embora o homem não esteja sujeito a flutuações hormonais, também ele pode ser – não refém – mas parceiro da testosterona.

Se o homem desenvolvesse a inteligência hormonal, ele entenderia por que as mulheres têm um comportamento sexual tão diferente do dele e, assim, poderia viver a intensidade do amor na área em que este mais se revela: a sexualidade humana.

Se a mulher também soubesse como funciona a mente masculina, como são os seus (deles) pontos fortes e fracos na cama, poderia ter uma vida sexual muito mais alegre e satisfatória, usufruindo dos orgasmos múltiplos e levando à loucura o seu companheiro (mesmo que ele fosse monótono, insípido e enfadonho). E os filhos, crescendo com o conhecimento das influências hormonais no seu comportamento, teriam menos dúvidas, conflitos e problemas a enfrentar.

1. IDADES SEXUAIS

Assim que o garotinho começa a produzir mais testosterona, ele ainda não entende bem o que está lhe acontecendo. Sente comichão de mexer nos genitais e curiosidade pelo sexo feminino. Alvoroçados, os meninos espiam pelas frestas de portas, buracos de fechaduras, janelas. Masturbam-se com frequência. É a **idade do macaquinho**: os garotinhos "descascam suas bananas" todos os dias.

As meninas curtem essa idade de modo diferente: reúnem-se e rivalizam com grande entusiasmo e tumulto. São surpreendidas pela menstruação.

O rapaz se lança freneticamente em busca de uma relação sexual. Não importa com quem seja: é a **idade do urubu**. O instinto ignora a educação, numa busca de desempenho sexual.

Ultimamente tem acontecido de a primeira relação sexual do rapaz ser também a primeira vez da garota. Ambos se sentem mais seguros e confiantes quando estão em igualdade de condições. Ninguém se sente cobrado nem cobrador um do outro.

Para as meninas na **idade do urubu**, o importante é se apaixonar, não importa por quem. Na era do "ficar", o número de pessoas com quem ficou é mais importante que as qualidades dos rapazes. Se para os urubuzinhos o drama é como transar com aquela por quem se apaixonou, as urubuzinhas vivem esse drama às avessas: como despertar a paixão em quem só quer transar.

Essa divisão fisiológica entre o feminino e o masculino deve ter sido uma das bases do machismo, que até hoje traz seu ranço no comportamento sexual.

Com o enorme avanço da sociedade, a mulher rebelou-se contra o machismo e a grande maioria dos homens acabou concordando e aceitando direitos iguais para sexos diferentes.

2. O DESPERTAR DO SEXO

A PUBERDADE DA MENINA chega com o estrogênio, hormônio relacional típico da fêmea humana. Depois que amadurece um pouco mais, vem a progesterona, responsável pela menstruação e pela gravidez. Mais tarde, a prolactina se encarrega da amamentação.

A menina começa fazendo-se fêmea para depois tornar-se mãe. A cada ciclo menstrual, esse esquema se repete. Assim que acaba a menstruação, o nível de estrogênio vai aumentando, a fim de preparar a ovulação mensal.

Na primeira metade do ciclo, a mulher fica mais exuberante e atraente, com a pele sedosa e os cabelos soltos. Quanto mais estrogênio houver em circulação, mais curtas e justas ficarão suas roupas, expondo cada vez mais o corpo. Ela não anda, ondula. Sua voz fica mais alta e sensual e seus lábios, mais carnudos, até a ovulação, que corresponde ao ciclo animal.

> **O estrogênio trata de embelezar e exuberar a fêmea para ser atraente ao macho, que está sempre no cio. Uma forte atração sexual faz o homem perder a cabeça e sentir paixão pela fêmea que o atraiu. Assim, a fêmea atrai o macho que vai escolhê-la.**

Uma vez liberado o óvulo, o nível de progesterona começa a aumentar, as roupas tornam-se mais folgadas, o corpo fica mais coberto e a mulher sai agora para fazer compras, cuidar da casa. Nessa segunda metade do ciclo menstrual, muitas ficam inchadas, irritadas, depressivas ou tudo isso junto. O corpo da mulher se prepara para a maternidade e ela se fecha para construir o ninho.

Quando não há gravidez, surge o sangramento menstrual e, em seguida, recomeça a fase da atração do sexo oposto. Se engravidar, o nível de progesterona continuará alto.

3. NAMORADO(A) DORMINDO EM CASA

Os PAIS são bastante tolerantes e receptivos aos amigos. Tudo muda se há namoro, pois os pais ficam atentos, apreensivos e preocupados com a vida sexual e suas consequências. Pode correr tudo às mil maravilhas, mas sempre pesa a possibilidade de gravidez e muitos questionamentos.

Pelo ranço machista, é mais aceito o filho trazer sua namorada para dormir em casa do que a filha fazer o mesmo. As complicações envolvem o casal de namorados, e não somente um deles; portanto, as famílias saudáveis deveriam ter preocupações idênticas independentemente do sexo dos filhos. É o casal que engravida, e não somente a garota.

As grandes paixões surgem na época da onipotência juvenil, quando o entusiasmo pela vida, a adrenalina para a aventura, os hormônios sexuais à flor da pele, a autonomia comportamental intensificam os sentimentos e as sensações dos jovens. Tornam-se menos previdentes, menos ponderados, mais irresponsáveis, mais ousados, atrevidos, precipitados, imprudentes, arrojados e hedonistas.

Devido às inseguranças e violências, muitos pais abriram as portas da própria casa para que seus(suas) filhos(as) pudessem dormir em casa com seus(suas) namorados(as), mesmo atropelando seus padrões comportamentais.

Isso tudo não significa que os pais tenham que se submeter aos caprichos dos filhos. É preciso que haja uma boa dose de adequação para uma convivência familiar harmoniosa.

Geralmente os pais machistas são mais resistentes a aceitar que o namorado da filha durma em casa, na mesma cama com a sua filha. Dormir até aceitam, desde que em quartos separados, ainda defendem alguns. As mães em geral são mais tolerantes e compreensivas, e aceitam não só por segurança, mas também por conforto dos filhos.

Os jovens são sexualmente mais livres na sociedade do que em casa. Há certos pais que não procuram saber se existe vida sexual entre os namorados, mas não permitem que eles durmam no mesmo quarto.

Há outros pais que são coniventes com os jovens pelo silêncio, pois até sabem que eles fazem amor quando não há ninguém em casa. Mas não oficializam.

4. PREOCUPAÇÕES DOS PAIS DOS NAMORADOS QUE "DORMEM" JUNTOS

As MAIORES PREOCUPAÇÕES dos pais de namorados que dormem juntos na sua casa são:

⚙ Abalo dos clássicos padrões sociofamiliares

Uma jovem queria porque queria que os pais a deixassem dormir com o namorado em casa. Os pais diziam quanto esse comportamento era apressado para eles, que ainda não estavam preparados para que sua filha única, que eles sonhavam casar de branco na igreja, de repente vivesse como casada em casa. A mãe ainda se preocupava com o que os outros iam falar. Os pais pediram a ela que aguardasse até eles se acostumarem com a ideia. Ela terminou o namoro antes que os pais estivessem preparados para essa novidade.

⚙ Estarem conivientes com a precocidade das relações sexuais, facilitando ou estimulando a promiscuidade sexual (vários namorados em pouco tempo)

Os pais sabiam quanto seu filho, de 19 anos, era volúvel e instável nos relacionamentos afetivos. Quando começou a namorar uma garota de 22 anos, ele quis trazê-la para dormir em casa. Os pais negaram seu consentimento, pois o namoro tinha muito pouco tempo e eles temiam que a casa passasse a ser o local dos encontros amorosos do filho, que tinha ainda muito a viver pela frente. Se ele quisesse, que tivesse quantas relações pudesse, mas fora de casa. Eles não seriam coniventes com o que não aceitavam. Se o namoro se firmasse e dormissem juntos também na casa dos pais dela, os pais concordariam com ele. Depois de poucos meses, ele já estava apaixonado por outra garota.

❂ Estaria o rapaz namorando ou "se aproveitando" da minha filha?

Num atendimento familiar surgiu uma preocupação com o namoro da filha, de 16 anos, pois o rapaz, de 21, não estudava, não trabalhava, não apresentou a família dele nem disse exatamente onde morava, apesar de ser extremamente simpático, agradável, solícito não só com ela, mas com toda a família, e de ter todo o tempo para se dedicar ao namoro. Queria só ficar agarrado à filha, e os pais não tinham confiança nele nem na filha apaixonada. Ela nunca ouvia o que os pais diziam, e revoltava-se dizendo quanto os pais eram preconceituosos, elitistas etc., e que não aceitavam seu namorado porque era pobre. Os pais começaram a operação "não sustentar aquilo com que não concordavam", isto é, cortaram tudo o que pudesse contribuir para o namoro, quando ela lhes pedia para deixá-lo dormir em casa. Não davam mais dinheiro para nada, ocupando-a todo o tempo, com motorista para acompanhá-la por onde ela fosse. Em pouco tempo, a filha começou a perceber quão "simpático e agradável vagabundo" era o namorado e passou a sentir na pele o quanto ele lhe era inadequado. Desfizeram o namoro.

❂ Estarão prevenindo a gravidez? Estão sabendo como se prevenir?

Atendo uma universitária que namora um rapaz o qual se negava a usar camisinha. Ele usava uma série de argumentos, até o eficiente, mas não verdadeiro, "Se você me amasse, deixaria eu transar sem camisinha", ao qual ela respondia: "Se você me amasse de verdade, usaria camisinha". Ele dizia: "Mas hoje você não está nos dias férteis, pois já faz mais de 10 dias que menstruou", ao qual ela respondia: "Pois estou entrando nos meus dias férteis". "Então você devia tomar pílulas", e ela respondeu: "Não me dei bem com as pílulas". Quanto mais ela argumentava, mais ele contra-argumentava. Até que um dia ela falou firmemente: "Ou usa camisinha, ou relações sexuais somente depois de casarmos". Hoje ele usa sempre o preservativo e levam excelente vida sexual.

◉ Estão se cuidando contra as doenças sexualmente transmissíveis como aids, sífilis, herpes etc.?

Uma paciente minha, com 19 anos, estava muito triste, em crise com o namorado. Tinha uma ferida sifilítica (sifílide) no genital externo. O namorado foi e é seu único companheiro sexual. Ele afirma que não tem nada. Não usavam camisinha, pois ela tomava pílulas. O casal estava preocupado somente com a gravidez, e achava que o amor existente entre eles, único no mundo, os protegeria contra qualquer doença. Pois não protegeu. Entre o céu e o amor, existem doenças venéreas que não são prevenidas pelas pílulas. Comentei com ela: "Ainda bem que não é aids, pois, mesmo que o relacionamento afetivo se abale, sífilis tem tratamento".

◉ A garota vai ao ginecologista para ver se está tudo em ordem. E quanto ao garoto? Qual o médico mais indicado?

Atendo um rapaz, de 19 anos, que tem vida sexual com a namorada, de 17 anos. Perguntei sobre prevenção à gravidez. "Ela toma pílulas", ele explicou. Ela tem disfunções menstruais e as pílulas foram indicadas pelo ginecologista dela. "Ótimo!",

comentei, mas perguntei: "Você sabe quando se engravida?".
Mais que depressa ele me respondeu: "É claro que é durante a
menstruação, pois é quando o óvulo está saindo..." Durante
a entrevista expliquei sobre ovulação, espermatozoides, gravidez
etc. O jovem fez o comentário final: "Quer dizer que foi uma
sorte ela estar tomando pílulas, senão já estaríamos grávidos..."

❋ "No meu tempo de juventude, era tudo muito diferente..."

"Eu temo pela segurança da minha filha", de 16 anos, preocu-
pava-se o meu paciente, 50 anos. "No meu tempo a vida sexual
era mais livre, as mulheres queimavam seus sutiãs e os homens
transavam quanto podiam. O máximo era uma gravidez em que
a 'mina abortava' ou uma gonorreia que a penicilina curava.
Hoje existe aids, que mata, e ainda existe o risco de gravidez.
Gostaria que minha filha não fosse promíscua, que quando na-
morasse fosse somente com ele para a cama. E, por segurança e
controle, que fosse na nossa casa."

"No meu tempo, se eu nem falava sobre sexo com meus pais,
como iria falar com eles sobre minha vida sexual? Hoje tenho a
mente aberta e conversamos sobre tudo, e eu já disse à minha fi-
lha de 20 anos que ela pode trazer o namorado para dormir em
casa", dizia minha paciente, uma mãe de 55 anos.

❋ E os pais separados? Devem trazer os(as) respectivos(as) companheiros(as) para dormir em casa?

Atendo um jovem, 17 anos, filho único, que vive com o pai,
que é separado. Numa madrugada, o pai entrou em casa quase
furtivamente e foi verificar se o jovem estava dormindo. Este fin-
giu que dormia. O pai fechou suavemente a porta do quarto do
jovem, que percebeu que o pai trouxera uma companhia femi-
nina. Grandes dúvidas tomaram conta do jovem: "Por que o pai
não me apresenta a companheira dele?". "Será ela uma profissio-

nal da noite?". "Será que meu pai tem medo de que eu avance na mulher dele?". "Bem que meu pai poderia pedir para a companheira dele trazer uma garota para mim". "... E se fosse eu a trazer alguém aqui escondido?"

◉ Se a mãe é separada, pode trazer o namorado para dormir em casa? Como ficam os filhos que vivem com a mãe?

Atendo um homem separado que ficou revoltado quando soube pelos filhos adolescentes que sua ex-esposa trouxera o namorado para dormir em casa. Não achava certo a ex-mulher trazer o namorado dela para a casa que ele ainda sustentava. "Se o namorado quiser dormir, tudo bem, mas que ele arque com as despesas, e não seja um vivente a mais à custa da pensão que eu dou aos meus filhos", dizia ele. Ele se surpreendeu quando os filhos aceitaram o namorado da mãe com bastante naturalidade.

◉ Qual a conduta mais acertada?

Percebi através de muitos atendimentos familiares que não existe uma conduta padrão, única, para todos. Mas é importante que todas as famílias levem em consideração alguns pontos:

• É preciso que fique muito claro todos os pontos de vista sobre um(a) filho(a) que traz sua(seu) namorada(o) para dormir em casa. Não há como incluir nessa conversa os filhos pequenos que ainda nem despertaram para o sexo.

• É importante que ninguém se sinta desrespeitado nem constrangido a falar ou calar o que pensa. É bom ouvir os filhos mais velhos, que geralmente estão mais atualizados que os pais sobre os costumes vigentes.

- O que for bom para um não pode ser ruim nem constranger os outros.

- Para que um parceiro comece a dormir na casa do outro, é preciso que o namoro já tenha um considerável tempo, a ponto de os pais poderem conhecer melhor o namorado. Primeiro, este fica na sala de visitas, para depois entrar no quarto.

- É importante que os pais dos jovens se conheçam para que todos fiquem por dentro do que está acontecendo, para que nenhum pai e/ou mãe sejam surpreendidos pelo que for que aconteça. Interessante é saber que, quanto mais os pais do casal jovem sabem, mais responsáveis se tornam os jovens.

- A vida sexual deve ter sua privacidade, e não se tornar pública através de anúncios, portas abertas, sons e ruídos atravessando paredes, nem apetrechos sexuais devem ficar à mostra seja para quem for.

- Não é a empregada que deve limpar os resultados da vida sexual, nem guardar os apetrechos sexuais utilizados ou arrumar a bagunça criada pelo entusiasmo sexual. Cabe ao casal deixar o quarto numa relativa ordem para que a privacidade seja preservada.

- O ideal mesmo seria que os jovens pudessem ter vida sexual quando já tivessem conquistado autonomia comportamental e independência financeira. Assim, todas as consequências teriam que ser assumidas somente por eles, sem depender de ajuda material dos pais.

- Mesmo com todas as explicações e justificativas dadas pelos filhos, caso se sintam desconfortáveis, os pais devem *manter a sua posição clara e firme sem temer que isso possa prejudicar os filhos. O que realmente prejudica é o fato de os filhos terem a sensação de que podem fazer tudo o que quiserem sem levar em consideração o que os pais pensam e sentem.*

5. USAR CAMISINHA É UM GESTO DE AMOR

NADA É MAIS SIMPLES e seguro do que usar camisinha para evitar a gravidez e as doenças sexualmente transmissíveis.

O homem que não usa camisinha está egoisticamente mais preocupado com seu próprio prazer do que em amar e preservar a sua companheira.

Em vez de atrapalhar, a camisinha ajuda o jovem, pois geralmente ele sofre de um apressamento incontrolável da ejaculação, quase uma ejaculação precoce. Uma pequenina diminuição da sensibilidade faz grande diferença, pois, retardando o seu orgasmo, o prazer sexual do casal será mais intenso.

Outros rapazes podem dizer que é complicado colocar a camisinha. É complicado, sim, para quem não tem prática no seu manuseio. Colocá-la do avesso é praticamente impossível. Basta observar para que o depositório de esperma esteja voltado para a frente e desenrolá-la naturalmente com o pênis dentro.

É importante que o casal tenha bastante intimidade com a camisinha, que deve ser um bem comum. Não é só da responsabilidade do homem a sua colocação. Deve fazer parte do jogo sexual, e a mulher também pode ajudar. Os preparativos são tão prazerosos quanto o ato em si.

O melhor meio de criar intimidade com a camisinha é brincando com ela.

Aproveitando os interesses e curiosidades dos garotos, os pais poderiam comprar as camisinhas ou facilitar que eles próprios as comprem. Usem-na para se masturbar, para brincar como bexiguinhas etc. Não é fácil para um garoto usar a camisinha pela primeira vez somente durante o ato sexual.

6. CAMISINHA FEMININA

Já a camisinha feminina é muito mais trabalhosa para ser colocada, pois funciona como uma tampinha que se fixa no colo do útero, dentro da vagina. É preciso ter a medida do colo do útero para saber a medida da camisinha. Tamanhos diferentes não vedam eficientemente a entrada dos espermatozoides para dentro do útero. A mulher tem que permanecer durante dias com a camisinha aplicada, pois os espermatozoides podem viver até três dias dentro da vagina. Apesar de ser bastante segura, corre riscos na sua aplicação.

Existe outro tipo de camisinha feminina que funciona como um dedo de luva às avessas. Isso ocorre porque essa camisinha forma uma espécie de saco comprido que é colocado dentro da vagina para lhe cobrir as paredes e receber o pênis dentro dele, para que todo o material ejaculado nem toque o corpo feminino. Quando a jovem retira a camisinha, todos os espermatozoides ficaram dentro dela. As vantagens dessa camisinha sobre a outra são a facilidade de aplicação e de retirada após a relação sexual.

7. HOMOSSEXUALISMO MASCULINO

Tem sido cada vez mais frequente no meu consultório o atendimento de pais perturbados e insatisfeitos porque seus filhos fizeram diferentes caminhos sexuais.

A grande maioria das mães aceita, melhor que os pais, que seu(a) filho(a) seja homossexual. Mas existe também uma minoria de mães que não aceita de modo algum a homossexualidade.

Entretanto, o número de homossexuais masculinos assumidos deve ter aumentado, desde que eles resolveram assumir publicamente sua sexualidade. Eles sentem-se mais fortalecidos pelos movimentos sociais e pela melhor aceitação pública que no passado.

⋮

Recentemente, fiz uma consultoria familiar para um casal cujo filho lhes disse ser homossexual. Eles fizeram várias consultas, procurando algum profissional que pudesse "remover" a homossexualidade com psicoterapia, tratamento hormonal, hipnose e até mesmo orientação religiosa. Eles não sabiam que o filho, por si mesmo, sem que eles soubessem, lutara contra isso e já havia procurado também alguns profissionais para demovê-lo dessa homossexualidade que ele mesmo não aceitava. Tentou até namorar garotas superatraentes, mas sua homossexualidade continuava. Até que resolveu contar aos pais. Ele jamais esperou que seus pais tivessem tamanha reação contrária. Sua vida virou um inferno em casa. Ele não se conforma com o comportamento dos pais. Sente que continua o mesmo e que não merece tamanha rejeição pessoal, mesmo que até concorde e entenda que os pais não aceitem a sua homossexualidade.

⋮

A homossexualidade está sendo muito estudada e atualmente não é mais considerada doença nem distúrbio sexual.

8. HOMOSSEXUALISMO FEMININO

ULTIMAMENTE, tenho atendido garotas e moças que têm uma vida sexual diferente da heterossexual.

⋮

Atendi uma garota, de 16 anos, que pertencia a um grupo em que as meninas praticavam como que naturalmente a homossexualidade feminina, sem se considerar homossexuais. Ela me dizia que, se encontrasse alguma garota pela qual se sentisse atraída e fosse correspondida, não via razões para não se envolver sexualmente. Era só um relacionamento sem compromisso, pois o que ela queria mesmo era casar com um moço e ter filhos.

⋮

Muitas garotas que atendi chegavam com outras queixas, e somente quando se trabalhava a sexualidade é que apareciam as diferentes opções. Ou seja, a sexualidade não vinha como primeira queixa.

Atendi garotas que "ficavam" umas com as outras apenas para provocar os rapazes. Mas elas "ficavam" também com os rapazes. É como se elas aceitassem "estar" homossexuais mesmo sendo heterossexuais. Não atendi nenhuma garota que fosse completamente homossexual.

CAPÍTULO 10

Drogas

1. ALGUNS TIPOS DE REAÇÕES DO PAI

ALGUNS PAIS cujos filhos se envolvem com drogas sentem-se traídos e reagem furiosamente, chegando inclusive a agredi-los, verbal ou fisicamente, numa nítida perda de controle da situação.

Isso acontece sobretudo quando o pai, que sempre confiou no filho e acreditou quando ele jurou que nunca iria usar drogas, foi pego de surpresa ao descobrir o filho usando-as. **(pai crédulo)**

Alguns jovens admitem o uso de maconha e afirmam que "vão continuar usando porque gostam". Dizendo preferir a verdade, em vez de mentir, como alguns amigos, contrariam e enfrentam os pais. **(pai desafiado)**

Um pai pode pensar que o filho, usando drogas, além de fazer mal a si mesmo, falta-lhe com o respeito. Quando o uso piora, e o filho diz que não quer parar, uma minoria de pais chega a expulsá-lo de casa. **(pai autoritário)**

Outros pais acabam responsabilizando a mãe pelos erros educacionais no excesso de mimos, falta de limites, exagerada solicitude etc. Tiram a responsabilidade do filho quando acusam sua mãe como responsável. **(pai sempre certo)**

Já atendi pais que ficam tão perdidos que se submetem a tudo que sua esposa pede, desde fingir que nada sabem até explodir colericamente para impor "mais respeito em casa". **(pai perdido)**

Mais raros, existem os pais que pedem que "a mãe cuide de tudo", já que param tão pouco em casa, porque vivem para o trabalho, assoberbados pelas responsabilidades profissionais e sociais. **(pai ocupado)**

⋮

Quando Roberto descobriu que seu filho, de 17 anos, estava usando drogas havia um ano e meio, ficou tão desesperado que quase teve um ataque cardíaco. Sua pressão arterial subiu, chegou a ficar zonzo, e os batimentos cardíacos foram a mais de 150. Roberto teve a sensação de que iria morrer naquela hora. Ficou violento e explodiu, através de gritos e agressões físicas: surrou o filho, jogou o telefone na parede, bateu portas... Via como única saída a internação do filho naquela hora. **(pai descontrolado)**

2. ALGUNS TIPOS DE REAÇÕES DA MÃE

A MÃE GERALMENTE não fica tão surpresa, pois já vinha captando os sinais de modificações comportamentais do filho: ele não sentava mais à mesa, não tinha ânimo para estudar, aparecia em casa com uns amigos diferentes e só ficava no quarto... É que ela acompanha a vida do filho com todos os seus sentidos. O pai capta uma coisa de cada vez, e só descobre quando a *performance* do filho cai quando ele já não vai à escola e quando dorme até tarde porque não consegue mais acordar cedo.

Uma das maneiras de a mãe manter contato com o filho é através da fala. Mesmo da sala, a mãe pergunta ao filho no quarto: "O que você está fazendo?". Pelo tempo que ele demora para responder, pelo tom de voz, pela firmeza ou vacilações da fala, a mãe já sabe se o filho está mentindo ou não. Na adolescência dos filhos, ela sempre desconfia daquilo que mais teme: as drogas. **(mãe desconfiada)**

Quando o filho já não a olha nos olhos, evita contato, passa longe dela ou volta para casa em horários que não a encontre, pelas pessoas com quem anda, pelo comportamento em casa, a mãe fica bastante preocupada. Ela imagina que possa estar acontecendo algo que o filho não lhe quer contar. **(mãe preocupada)**

Quando o filho começa a tratá-la mal, a dizer que ela está por fora, que ela pega muito no "pé dele", a receber telefonemas curtos e sair sem dizer para onde vai, ou soltar respostas vagas como "vou dar uma volta", "quero dar um tempo", "vou até a padaria", "vou levar o cachorro para dar uma volta" etc., a mãe já fica altamente preocupada e "paranoica". **(mãe noiada)**

A mãe "noiada", para encontrar as provas de suas suspeitas, pode tomar atitudes de vistoriar, sem que o filho saiba, os pertences dele, suas roupas, os locais onde eventualmente ele possa esconder a droga, e até mesmo revistar, conferir, ouvir telefonemas pessoais, informar-se com terceiros etc. **(mãe investigadora)**

Quando a mãe descobre qualquer droga no fundo da gaveta da escrivaninha, na mochila ou no bolso do bermudão de praia, sente-se culpada por não ter acompanhado o filho em tudo, pelo que o filho possa ter feito, por não tê-lo educado bem ou por ter trabalhado demais ou ainda sem saber a causa. **(mãe culpada)**

Depois que se certifica de que o filho está usando maconha, a mãe omite essa informação do pai. Procura resolver o problema sozinha, fazendo um pacto de silêncio diante da promessa do filho de parar de usar a droga. Não é maldade da mãe, e sim um gesto de confiança no filho e também para poupar o marido, tão ocupado, coitado, com tantas obrigações. (**mãe poupadora**)

Desde que o filho, de 15 anos, começou a andar com aquele amigo estranho, ele ficou também esquisito em casa. A mãe tem certeza de que foi ele que levou a filha para as drogas. (**mãe superprotetora**)

A mãe pode sofrer um ataque de onipotência e arregaçar as mangas, usando todos os seus tentáculos para resolver o problema do filho, já que "ninguém" resolve nada. Em geral, esse "ninguém" é o pai do filho. (**mãe onipotente**)

3. QUAL É A MELHOR REAÇÃO DOS PAIS?

A MELHOR REAÇÃO dos pais é aquela que realmente ajuda o filho a parar de usar drogas. Mesmo que os pais façam tudo certinho, o filho pode não parar, e às vezes, apesar de os pais tomarem atitudes "erradas", o filho pode parar de usar as drogas.

Nenhum pai ou mãe tem um único tipo de reação. Cada um tem uma reação composta por alguns tipos, resultado do histórico da própria vida, do seu momento atual e dos prognósticos do futuro dos filhos.

> **Para preparar o filho para que não use drogas, o que vale é a combinação dos comportamentos do pai e da mãe, formando atitudes baseadas no princípio educativo da coerência, constância e consequência.**

São muitas as causas para um jovem experimentar as drogas, desde a simples curiosidade, a busca de prazer, qualquer apelação psicológica e/ou uma doença psiquiátrica. A manutenção do uso também tem várias causas, podendo começar por uma predisposição familiar biológica (genética), um histórico pessoal de outros pequenos vícios, momentos de vida que esteja passando, até a falta que a droga faz ao próprio organismo depois que este se acostuma. Essa fase é a do vício, ou dependência química.

O sucesso das reações dos pais depende também da resolução das causas pelas quais o filho começou a usar a droga, ou seja, o sucesso de tudo depende de um bom diagnóstico psicológico/psiquiátrico da situação.

A internação depende muitíssimo desse diagnóstico, e não do desespero ou de quaisquer outros sentimentos dos pais. Trata-se de uma conduta médica que precisa ter seu profissional responsável.

4. NA CASA DO AMIGO

Caso o filho diga que vai à casa de um amigo, o pai (ou a mãe) poderia telefonar ao pai ou à mãe do amigo agradecendo o convite e colocando-se à disposição para o que for necessário e oferecer a sua casa para recebê-los. Geralmente assim os pais conseguem ter mais informações que as que o filho traz. Não é questão de desconfiança, mas de segurança e prevenção.

É bastante comum não ficar nenhum adulto com os jovens. Nem todos os pais têm a mesma preocupação com os filhos e com os amigos deles. Nessas ocasiões, a casa poderá ser usada conforme o interesse da turma. Essa é uma condição favorável para alguém experimentar drogas: um lugar protegido, entre amigos, sem adultos por perto...

De todas as casas da região, basta uma casa ser *legalize* (liberada) que é para lá que todos os jovens irão...

Se o pai e a mãe não sabem o que acontece quando seu filho se junta com amigos em casa, talvez lá se use droga. O silêncio dos pais pode ser interpretado pelos filhos como conivência.

> **Se um filho já aceita que seu melhor amigo use drogas, é porque acha que elas não fazem tanto mal como os pais falam. É bem provável que logo ele esteja usando também.**

5. CONTRA OU A FAVOR

O MUNDO PERDEU vários artistas por causa de álcool e drogas.

Nenhum viciado, ou dependente químico, ganha totalmente o jogo contra as drogas, pois o vício pode adormecer dentro da pessoa, mas ele nunca desaparece. A qualquer momento pode ser despertado, e a pessoa volta a ser usuária.

A droga é sempre retrógrada. Quem a usa pode sentir um prazer na hora que está usando. Por isso, a pessoa diz que "usa drogas porque é bom", mas, no cômputo geral, logo vai perceber que lhe prejudica a vida, portanto, não é bom, mesmo sendo prazeroso.

Mas o jovem que começa a se interessar pelo assunto só presta atenção nas notícias favoráveis, como essa manchete, publicada em jornais:

"A HOLANDA LIBERA VENDA DE MACONHA NAS FARMÁCIAS"

O título, em letras garrafais, realmente chamava atenção. Li a reportagem. O texto dizia que a venda havia sido liberada para quem tem aids, câncer, esclerose múltipla, síndrome de La Tourette. Esses pacientes, que apresentam alto nível de dor, estavam autorizados a usar a maconha para fins terapêuticos, com o objetivo de reduzir o sofrimento. A matéria dizia ainda que a maconha não devia ser fumada, porque fumá-la é uma prática nociva à saúde. Orientava em seguida para que a maconha fosse usada como chá ou infusão.

Depois de lerem apenas a manchete em vários meios de comunicação, alguns jovens comentaram comigo: "A Holanda liberou geral. Vamos lá fumar maconha".

O problema do uso das drogas não é somente dos meios de comunicação. Está também na cabeça do jovem, que formula uma posição e a divulga para todos, como se fosse o arauto da liberação da maconha.

Muitos comerciais de cerveja vendem a bebida como se fosse refrigerante. E os adolescentes minimizam seu teor.

Beber cerveja como refrigerante é um conceito mercadológico que pegou. Muito dinheiro é gasto para criar esse conceito. O trabalho contra o abuso do álcool tem pouquíssimo dinheiro, isso quando tem. O Estado não tem condições econômicas para arcar com as consequências médicas do alcoolismo e sua evolução sombria, com alterações psicológicas e psiquiátricas que ocupam tratamentos, leitos e vagas em detrimento de outros doentes mentais, que acabam sendo abandonados. Isso sem contar os prejuízos familiares, sociais e do próprio mercado de trabalho.

6. EXEMPLO DENTRO DE CASA

A VERDADEIRA PREVENÇÃO está em formar uma opinião **dentro** do jovem sobre quanto a droga faz mal à vida, apesar de dar prazer durante o uso.

O que funciona não é só o exemplo de não usar drogas, mas o costume de se preservar sem ser chato, de ter coragem sem ser temerário, de ser mais resistente às frustrações, de ser progressivo mais que retrógrado, de resguardar o que é bom sem ser entediante, de ter, mais que tudo, a natural alegria de viver...

Crianças absorvem o que seus pais são. Se eles fumam ou bebem, as crianças registram muito mais o prazer que os adultos estão sentindo do que a adequação, ou não, dos seus gestos. Futuramente, basta às crianças despertar o que está adormecido dentro delas e lá vão acender um cigarro ou pegar um copo de cerveja.

Embora os jovens queiram sentir o prazer, e não "pegar" o vício, este é quase uma sequência da repetição desse prazer. Quanto mais prazer sentir, maior a vontade de repetir o gesto.

> **Mesmo que seus pais não toquem em bebidas alcoólicas, muitos adolescentes começam o contato com a cervejinha por curiosidade, para fazer o que a sua turma faz, para repetir o que viu nos comerciais de cerveja veiculados pela televisão.**

Depois que o jovem conhece a bebida, passa a usá-la das mais variadas formas, seja tomando uma cervejinha para refrescar, como refrigerante, seja para "quebrar o gelo" da timidez para abordar outra pessoa, seja para competir e ver quem bebe mais...

Os pais que bebem ou fumam em casa autorizam direta e indiretamente os filhos a fazer o mesmo.

7. EDUCADOS PARA O PRAZER

Os pais, hoje, têm feito a apologia do prazer. Não importa quanto eles se sacrifiquem, querem que o filho tenha prazer. A parte do sacrifício fica apenas para os pais. Isso, a rigor, é educar para que os filhos usem drogas.

Desde cedo, os filhos aprendem que os pais devem arcar com os custos, responsabilidades e/ou sofrimentos dos seus atos (inclusive os futuramente provocados pelas drogas). O que lhes cabe é usufruir ao máximo o prazer.

Na tentativa de demonstrar amor aos filhos, alguns pais acabam sendo apenas retrógrados. O que ganham é insuficiente para comprar o tênis da moda ou qualquer outro capricho desnecessário, mas acabam comprando. Em vez de mostrarem a realidade, os pais deixam o essencial para pagar o tal tênis.

Essa divisão – sacrifício dos pais, prazer dos filhos – passa uma falsa noção de qualidade de vida e reforça a falta de ética na sua definição (o que é bom para um tem que ser bom para todos).

O engano se faz até nos níveis bioquímicos dos neurotransmissores. A molécula do THC – sigla do tetraidrocanabinol –, constituinte ativo da maconha e do haxixe, é bastante parecida com neurotransmissores e falsificam suas funções.

As moléculas do THC se encaixam nesses receptores, enganando-os quimicamente como se fossem neurotransmissores fisiológicos, e os desativam, mas antes provocam uma descarga de prazer. É assim que as moléculas de THC vão se acumulando nas sinapses, dificultando e prejudicando o seu funcionamento.

Aos mais interessados, indico a leitura do meu livro *Juventude & Drogas: Anjos Caídos*.

PARTE 2

FAMÍLIA DE ALTA PERFORMANCE

FAMÍLIA

A família sempre foi, é e continuará sendo
o principal núcleo afetivo de qualquer ser humano.

Na família nasce o ser.
Na adolescência, ele busca sua identidade social.

Com autonomia comportamental e independência
financeira, o adulto jovem busca alguém para
ter sua parceria.

Seu maior sonho é realizar a felicidade.
Pelos filhos, a felicidade se perpetua.

Ser eterno é o seu segundo maior sonho.
A civilização se alimenta da educação e
da história dos filhos.

Histórias que escrevem páginas no livro
da humanidade.

...E os filhos trazem na sua própria existência
a felicidade e a eternidade dos seus pais.

Içami Tiba

CAPÍTULO 1

Pedra filosofal dos relacionamentos entre pais e filhos

PARA OS ALQUIMISTAS, **pedra filosofal** era a fórmula secreta que tentavam descobrir para transmudar metais comuns em ouro. No sentido figurado, segundo o *Dicionário Aurélio – Século XXI*, é "coisa difícil de descobrir ou de realizar".

O genial Albert Einstein (1897-1955) tinha ainda um grande sonho, o de descobrir uma "teoria do tudo", abrangente o bastante para englobar todas as forças da Física, unificando as forças eletromagnética e gravitacional. Se tivesse os recursos de computação que temos hoje, talvez ele tivesse conseguido realizar o seu sonho, tema hoje dominante da Teoria da Relatividade Geral e Mecânica Quântica.

No universo relacional dos seres humanos, tão vasto e complexo quanto a humanidade, muito se tem falado e escrito sobre felicidade e sofrimento, amor e ódio, sucesso e fracasso, excelente e péssima qualidade de vida, saúde e doença psicológica, educação perfeita e falida, integração e guerra dos povos, individualismo e gregarismo, vida e morte em família etc.

Existiria uma fórmula secreta ou imaginária que regesse todos os relacionamentos humanos? Uma "teoria do tudo" relacional? Algo que garantisse a felicidade e a eternidade?

1. PEDRA FILOSOFAL DOS RELACIONAMENTOS HUMANOS GLOBAIS

DESCOBRIR A **PEDRA FILOSOFAL** dos relacionamentos humanos globais é do interesse de pouquíssimos entre muitos especialistas estudiosos do comportamento humano.

A maior dificuldade está em como envolver tantas e diferentes opiniões sobre cada tema abordado. Debates sérios, reuniões científicas e conversas leves não chegam a uma conclusão única sobre a perfeição dos relacionamentos humanos.

Quero apresentar algumas referências básicas que tomei ao elaborar este capítulo:

- gente gosta de gente por instinto;
- penso, sinto e ajo, logo existo;
- a família é o berço dos valores superiores: gratidão; disciplina; religiosidade; cidadania; ética;
- os filhos nascem dos pais, mas não são seus pertences eternos;
- maturidade é ter autonomia comportamental e independência financeira; os seres humanos querem a felicidade;
- a educação familiar e a escolar são básicas para a sociedade;
- ter educação é adequar os instintos e vontades para uma boa convivência humana;
- o amor e a felicidade são progressivos; o ódio e a violência, retrógrados;
- o amor relacional não está pronto à espera de nós: ele é construído a partir do momento em que se começa a convivência;
- **progressivas** são as disposições para ajudar, associar, admirar, aprender, ensinar, evoluir, negociar, defender-se, ser feliz, melhorar o mundo etc.
- **retrógradas** são as disposições para maldizer, blasfemar, mentir, explorar, exagerar, enganar, chantagear, inferiorizar, superiorizar, extorquir, desprezar, corromper, sabotar, violentar, roubar, matar etc.

A pedra filosofal dos relacionamentos humanos globais é uma utopia. O ouro da alquimia seria o relacionamento perfeito entre os relacionantes.

O relacionamento humano perfeito, em minha definição, é dinâmico, atualizado, equilibrado, compartilhando um bem-querer, com satisfação mútua e plena, interativo com o seu meio ambiente e benéfico para a sociedade.

Tal relacionamento progressivo, em busca constante de melhoria, que seja excelente para todas as pessoas e seu ecossistema, é a **integração relacional**.

Portanto, buscar algo que seja absolutamente perfeito, em se tratando de relacionamentos humanos em progressão, é praticamente impossível, devido à transitoriedade dos pensamentos, sentimentos e ações do próprio ser humano. Se na alquimia se buscava o segredo da transformação de metais comuns em ouro, com minha proposta quero ajudar a transformar os relacionamentos retrógrados em progressivos através da educação.

2. CLASSIFICAÇÃO DOS RELACIONAMENTOS HUMANOS GLOBAIS

Para a busca dessa pedra filosofal, procurei partir da mais simples classificação possível entre os relacionamentos humanos para a mais complexa. Para tanto, fica mais didático chamar o relacionamento de **eu-tu**, usando o **eu** como nome da pessoa sujeito e o **tu** como o da outra pessoa.

Para o **eu**, o **tu** pode ser uma pessoa semelhante (parecida) ou diferente.

Se o **tu** for semelhante, ele pode ser conhecido (do seu convívio) ou desconhecido. Entre os conhecidos, o **eu** e o **tu** estabelecem relacionamentos verticais (acima-abaixo) ou horizontais (mesmo nível).

Essa classificação encontra-se no quadro 1.

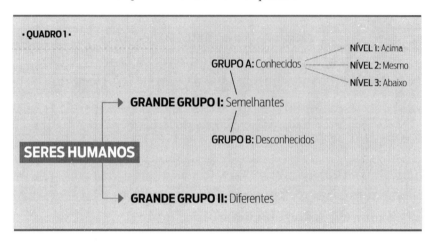

Com a finalidade de exemplificar a complexidade, delicadeza e vulnerabilidade dessa classificação, vou delimitar a abrangência de cada palavra nela utilizada e defini-la.

- Pessoas **semelhantes**: são aquelas que encontram pontos de semelhança entre si. Agora, compliquemos um pouquinho? Apesar de pertencerem à mesma espécie, cada uma é diferente da outra. São as pessoas que residem na mesma região ou são regidas pela mesma cultura, ainda que residam em diferentes regiões. Os católicos espalhados pelo mundo são semelhantes entre si, apesar das diferenças culturais conforme seus países de nascimento.
- Os **diferentes**, por exclusão, são os não semelhantes.
- Dos semelhantes, fazem parte os conhecidos e os desconhecidos. O grupo dos **conhecidos** é formado por pessoas com quem mantemos ou tivemos convivência. Mesmo que o grau de conhecimento possa variar, como parentes e "conhecidos de vista" (um **tu** transeunte que passa

no mesmo local à mesma hora todos os dias pode ser conhecido de vista de um **eu** parado no seu lugar).

⚜ **Desconhecidos** são todos os outros não conhecidos que pertencem ao grupo dos semelhantes.

Entre os conhecidos, ao se estabelecer um relacionamento, o **eu**, para se situar, faz comparações com os **tus**. Pela comparação, o **eu** encontra o seu lugar, o seu posicionamento no grupo. Nessa comparação, o mais comum é o estabelecimento de níveis. Aquele é mais alto que eu; eu sou mais gordo que o outro; eu me acho mais feia que ela; ele me parece mais rico que eu; sou menos famoso etc.

Assim, se, num padrão escolhido, o **tu** pode estar acima do **eu**, em outro padrão o mesmo **tu** pode estar abaixo do **eu**. Rapidamente se faz uma correlação indevida, apesar de habitual. Como se o **eu** que estivesse acima fosse superior a **tu**, e vice-versa.

⚜ Os termos superior, igual e inferior não significam que uma pessoa é melhor ou pior que outra, mas que um é mais desenvolvido que o outro naquele padrão escolhido. O mais alto não é melhor que um mais baixo, mas ele tem mais altura que o baixo. Um pai não é superior ao seu dependente, apenas está mais desenvolvido que este.

3. PAIS E FILHOS PROGRESSIVOS E RETRÓGRADOS

Os PAIS PODEM ser progressivos ou retrógrados conforme sejam as características desenvolvidas por eles no seu comportamento no dia a dia.

Nenhum ser humano escapa desta natural sequência biológica progressiva: feto; bebê; criança; púbere; adolescente; adulto jovem; adulto; senescente; e velho.

A ação dos cromossomos escapa dos nossos desejos. A despeito de qualquer vontade de postergá-la, ou até mesmo de negá-la, a velhice chega, assim como chegou a adolescência.

A parte psicológica, do "como somos", sofre muitas variações individuais, familiares, sociais, de época, de local etc. Mas tem também a sua evolução para se atingir a maturidade, passando pela infância e adolescência. Essa evolução é a parte que traz as diferenças individuais, fazendo de cada pessoa um ser único neste planeta.

> **O adulto biológico pode não ser maduro, assim como um adolescente pode ser amadurecido, conforme as exigências do seu ecossistema de vida.**

Até o nascimento, o feto é progressivo biológico. Assim que nasce, conforme as características dos pais, da escola e da rede de pessoas à sua volta, já começam a ser delineados os sinais progressivos ou retrógrados, pois tais sinais dependem muito da educação recebida.

Quando a criança começa a tomar iniciativas próprias, já se percebem nitidamente as tendências que podem ou não ser confirmadas para progressivas ou retrógradas. Os pais progressivos ficam atentos e ensinam os caminhos do progresso. É o **amor que ensina.**

Se os filhos deixam de fazer o que aprenderam e são capazes de fazer, é chegada a hora do **amor que exige.** Os pais devem impedir que os filhos façam o que não devem e, ao mesmo tempo, já mostrar quais alternativas eles poderiam tomar ou que outras soluções os filhos poderiam procurar. Simplesmente proibir, além de não resolver nada, paralisa os filhos. A paralisia é retrógrada.

Entretanto, é na adolescência, com a sua busca da autonomia comportamental, que as pessoas já se revelam progressivas ou retrógradas.

São **adolescentes retrógrados** aqueles que: mentem; fazem chantagens; deixam tudo para a última hora; não são comprometidos com o que fazem; não têm disciplina nem ética; usam drogas; cometem transgressões; pirateiam o que conseguem; colam habitualmente nas provas escolares etc.

Essas ações são caminhos fáceis e atalhos que nem sempre levam ao destino desejado. O que parecia ser lucrativo e vantajoso na hora acaba custando mais caro e dando mais trabalho para ser verdadeiramente realizado mais tarde.

4. RELACIONAMENTOS PROGRESSIVOS E RETRÓGRADOS

MUITOS PAIS de adolescentes se sentem desanimados: "Já fiz tudo errado. Como corrigir os erros nessa fase em que meu filho começa a ter vida própria?". O que foi feito pode servir de base para não se repetirem os mesmos erros. Assim, conseguiremos transformar nossos erros (retrógrados) em acertos (progressivos) futuros. Não é errando que se aprende, mas ao corrigir os erros.

A rebeldia, a discordância de ideias, algumas autonomias não indicam que os filhos já não dependem dos pais.

Situações há em que os pais consideram seus filhos desobedientes quando, na realidade, estes já começaram a desenvolver um pensar diferente dos pais, encontrando diferentes maneiras de resolver problemas. Portanto, diferenças comportamentais nem sempre significam desobediência.

Aliás, quanto mais progressivos forem os pais, menos os filhos serão rebeldes ou desobedientes. **Pais progressivos** não estabelecem o que os filhos devem fazer, mas ajudam-nos a encontrar os melhores caminhos. Os progressivos sabem que, por mais que os pais indiquem os caminhos, os passos são dos filhos.

Os pais retrógrados são os "donos da verdade" e acham que sempre sabem o melhor caminho para os filhos, ou os carregam sempre para que não se cansem. O que acaba acontecendo é a atrofia das pernas...

A educação é um processo continuado e dinâmico. Portanto, nunca é tarde para iniciar o projeto educativo, se a meta é transformar o filho num cidadão progressivo. Para isso, os pais também têm que ser progressivos.

Pais progressivos dão exemplos, ensinam e estimulam os filhos a ser progressivos. Sabem que têm que ser firmes para exigir dos filhos os caminhos e os resultados, em tempo combinado. Percebem rapidamente que a imposição autoritária, a exigência cega, a agressividade e a violência animais, o grito desvairado, a chantagem ardilosa são recursos dos pais retrógrados.

O **relacionamento progressivo** não é medido pelo resultado, mas pela soma de dois progressivos. Tem um sentido mais ideológico que matemático. Mesmo que um pai seja tremendamente progressivo, se o filho for retrógrado, o seu relacionamento será retrógrado, pois o filho está deixando de se desenvolver.

Para haver um **relacionamento retrógrado**, basta que um dos dois seja retrógrado.

5. CONSTRUINDO UM "PROGRESSIVO"

"Progressivas" são as pessoas que evoluem, andam para a frente e avançam na vida. A pessoa progressiva se desenvolve, amadurece e se torna um cidadão do bem. Não é só olhando os outros fazerem ou ouvindo lições e conselhos que os filhos aprendem. É também fazendo o que viram e/ou ouviram que eles confirmam o saber. Uma das melhores características da pessoa progressiva é a sábia humildade de querer aprender sempre.

Pais progressivos costumam observar seus filhos e acabam entendendo que os filhos pequenos estão pensando enquanto fazem. Se os pais quiserem fazer por eles o que eles já sabem, serão rechaçados por eles. Os verdadeiros alimentos da autoestima são a alegria e a satisfação que sentem as crianças ao conseguir fazer sozinhas o que desejam.

Fazer pelo filho o que ele já sabe é amputar sua capacitação e congelar sua vontade de aprender mais. Assim é que o "folgado" quer fazer cada vez menos e se torna um esperador e o ativo se retroalimenta com sua própria ação e fica cada vez mais curioso e sequioso por mais fazer, tornando-se um empreendedor.

**Quem sabe fazer aprendeu fazendo.
Quem faz acaba descobrindo novos caminhos.
Quem olha os pais fazerem aprende
a olhar. É montando em um cavalo que se
aprende a galopar.**

O pior retrógrado é o que acha que já sabe tudo e não precisa aprender mais nada. Quando os pais não educam seus filhos, todos estão sendo retrógrados. Os pais, porque são as primeiras vítimas dos filhos, e os filhos porque sofrem sendo mal-educados e fazem todos sofrer à sua volta.

⋮

Uma vez, vi um pai se abaixar para amarrar o cadarço do tênis de um garoto de 11 anos. É uma tarefa que o filho poderia muito bem executar. Não importam quais foram as causas dessa falta de ação. O fato está instalado. Se sabe amarrar os próprios cadarços e não o faz, é um folgado que sufoca os pais. Se não sabe, é um ignorante que só postergou o aprendizado. Mas esse garoto pode recuperar o tempo perdido; afinal, nada está determinado definitivamente. É só ter a humildade de começar a fazer algo que nunca fez...

⋮

O que esse garoto faz na escola, onde seus pais não estão e as pessoas presentes não estão dispostas a ficar amarrando cadarços de ninguém? Como está a autoestima desse garoto quando se encontra no meio de outros garotos, cada qual amarrando o seu cadarço?

O que poderia satisfazer os pais em amarrar os cadarços de uma criança pequena agora é uma obrigação vexatória. Os pais não prepararam o filho para sua autonomia comportamental. Foi uma "gentil poupança" retrógrada.

6. PROFISSIONAL BRILHANTE, PAI... NEM TANTO!

UM JORNAL de São Paulo veiculou um caso surpreendente:

> *Uma mulher foi morta e seu filho ferido por policiais, quando tentavam fugir após praticar um assalto. Ela era ex-delegada de polícia expulsa da corporação. Passara a roubar junto com o filho. Essa mulher foi muito mais mãe do que profissional, mas uma mãe retrógrada. Ser progressiva é lutar contra o que não está correto. Entrou no jogo do filho e ambos foram retrógrados.*

⋮

A meta do *Projeto de Educação Quem Ama, Educa!* é transformar o filho em um "cidadão progressivo". Portanto, os pais também devem se preparar para ser educadores dos filhos. Esse preparo é um investimento no futuro do filho.

Pais educadores priorizam a educação. Não precisam abandonar o futebol, mas não perdem a oportunidade de ler o que é publicado nos jornais e revistas, assistem a debates educativos na televisão e conversam com outros pais sobre os problemas mais comuns dos jovens.

7. RELACIONAMENTOS VERTICAIS E HORIZONTAIS

As DIFERENÇAS de nível entram em ação mais no grupo das pessoas conhecidas que nos outros grupos.

Em qualquer lugar do mundo, em qualquer agrupamento, existem três níveis de pessoas se inter-relacionando. Isto significa que existe sempre alguém num nível acima de você e outro num nível abaixo. Um dos maiores segredos do sucesso nos relacionamentos é saber lidar bem com esses níveis. É uma pequena parte da pedra filosofal dos relacionamentos humanos.

> **Os relacionamentos verticais são compostos por pessoas de diferentes níveis hierárquicos e geralmente trazem nomes diferentes: pai-filho; chefe-empregado; professor-aluno etc.**

O pai pode ser um excelente cirurgião-dentista. Ele está numa posição acima naquele momento na sua área profissional, em relação ao filho que nem está na faculdade. Nem por isso o pai é melhor que o filho ou superior a ele, só está num estágio mais desenvolvido.

Mudando-se os critérios, essa classificação pode mudar. Como eleitores, pai, filho e o colega estão no mesmo nível. Este é um dos **relacionamentos horizontais**, que geralmente têm nomes igualitários e comuns como eleitores, colegas, filhos, amigos, cônjuges etc.

Se o filho lida bem com computador e o pai não consegue sequer ligá-lo, naquele critério, ele está acima do pai; não uma pessoa melhor, mas apenas mais desenvolvido.

Portanto, é muito relativo o critério de superioridade da pessoa em relação aos outros. Essas diferenças são absolutamente transitórias e mudam não somente pelos passos retrógrados ou progressivos pessoais, mas também por mudanças circunstanciais.

Mas podemos ter certeza absoluta de que aquele que se considera superior a todos como pessoa porque está rico, poderoso, célebre, ou seja qual for o critério utilizado, é uma pessoa que tem falsa visão de si mesmo. Uma pessoa progressiva é sábia quando tem:

- a digna humildade de estar sempre pronta para aprender;
- o profundo reconhecimento da importância dos outros;
- o desejo de igualdade do ser humano;
- a elevada consciência da relatividade e transitoriedade da superioridade e inferioridade das pessoas;
- um forte sentimento de pertencer a este universo tão grandioso.

8. LIDANDO COM AS PESSOAS DESCONHECIDAS E/OU DIFERENTES

QUANDO A CRIANÇA ESTRANHA alguém por causa da cor, da roupa, da língua ou de qualquer outra diferença, ela pergunta para a mãe ou adulto que estiver junto, porque quer entender essa diferença.

Na sua ingenuidade, pergunta com bastante naturalidade, dirigida pela curiosidade. Os adultos são mais "polidos" e sabem que podem estar sendo inconvenientes e nada perguntam. É uma forma até de respeitar a outra pessoa na condição que ela tiver.

Quando uma criança pergunta o porquê de a outra pessoa ser pobre, ou ter um nariz tão grande, surge o momento sagrado do aprendizado. É a atenção concentrada que ela tem para ouvir e aprender a resposta que seus pais lhe derem.

Vale a pena ser verdadeiro, mas com o cuidado de não constranger ninguém. Muito cuidado com os preconceitos.

Se a criança aceitar, não é preciso explicar muito. Respostas longas demais transbordam o campo a ser preenchido pela mente, onde só cabe uma resposta clara, curta e adequada.

Com desconhecidos e diferentes, o **eu** usa de diferentes métodos para se relacionar com o **tu**. Primeiro o **eu** identifica e depois passa a conhecer o **tu**. O **eu** progressivo não se considera superior, igual ou inferior a quem não conhece.

É o **eu** retrógrado que, por preconceito, logo vai se considerando superior ao diferente e ao desconhecido. Qual o critério que o **eu** usou? Esse critério tem valor para o **tu** diferente ou desconhecido?

Quanto mais uma pessoa conseguir conhecer os diferentes e desconhecidos, mais facilmente vai se relacionar com o mundo.

> **Se, desde o berço, o homem aprendesse a conhecer os diferentes e os desconhecidos, e não a considerá-los perigosos, inimigos ou inferiores, seria mais sábio, rico e feliz.**

O mundo seria muito monótono e pobre se fôssemos todos iguais. Não teríamos o encanto de conhecer terras e povos diferentes, não saborearíamos iguarias diferentes em nosso cardápio, não devanearíamos ao som de músicas exóticas...

Vale a pena ensinar aos filhos a riqueza da diversidade, a cooperação do diferente, a beleza do relacionamento homem-mulher, a força do vínculo entre pais e filhos. Os velhos não devem ser excluídos. Eles podem enriquecer os netos falando sobre a vida, pois os pais não têm tempo para se dedicar a essas histórias. Serão os acréscimos que farão a diferença para a vida futura dos netos.

9. PRECONCEITO, O VENENO MORTAL DOS RELACIONAMENTOS

A EDUCAÇÃO RELACIONAL deveria partir do ponto de vista de que, perante a natureza, todos os seres humanos são iguais, e as diferenças existentes não se medem por superioridade ou inferioridade, mas sim por graus de desenvolvimento.

Palavras podem ser controladas muito mais facilmente que a comunicação extraverbal. Muitos preconceitos passam pela comunicação extraverbal.

> **Se você for visitar um parente com quem tem pouco contato e for mal recebido por uma criança, fique atento! Ou a criança é mal-educada e trata mal todas as pessoas, ou falaram mal de você um pouco antes de você chegar!**

Assim, não importa qual o assunto, se é comida, religião, raça, profissão etc., passamos o que sentimos junto com o que falamos. Crianças que dizem não gostar de algo que desconhecem estão mostrando um preconceito. Ou seja, têm uma ideia preconcebida antes do contato.

Existem também preconceitos positivos, quando se valoriza algo antes do contato.

Muitos jovens atribuem à maconha poderes que ela não tem, num preconceito positivo, enquanto muitos pais consideram o filho um viciado se ele tiver fumado maconha, num preconceito negativo. Assim, num campo já minado, os preconceitos bilaterais explodem o relacionamento entre pais e filhos.

Nada pior para um relacionamento saudável que o **eu** relacionar-se consigo próprio pensando estar se relacionando com o **tu**. Se o Eu tem um preconceito em relação ao Tu, mesmo estando na presença do Tu, o Eu vê somente o preconceito e deixa de descobrir o verdadeiro Tu.

10. HARMONIA E SINERGIA ENTRE OS CONHECIDOS

ENTRE O GRUPO DOS CONHECIDOS, estão os três níveis: acima, abaixo e mesmo.

Os critérios de avaliação para esses três níveis são bastante subjetivos e transitórios, variando conforme a época, os elementos considerados para essa classificação, o momento social, a região e inúmeros outros campos e fatores, de forma que seria muito difícil listá-los aqui.

O meu foco na pedra filosofal dos relacionamentos humanos é transformá-los em relacionamentos progressivos. É uma tarefa em vão porque não acaba com os retrógrados, já que eles fazem parte do arsenal humano de comportamentos. É preciso saber que eles existem e aprender a lidar com eles.

Como os primeiros passos da grande caminhada pela humanidade começam na família, é nela também que se pode aprender a ser progressivo ou retrógrado. Assim, essa pedra filosofal estaria sendo formada pela família e complementada pela sociedade, começando nas escolas.

A natureza é bastante simples na sua complexidade. Assim também poderiam ser simples os relacionamentos.

Os relacionamentos humanos são compostos por no mínimo duas pessoas: o **eu** e o **tu**.

Se estivesse num nível acima, o **eu** poderia:

◉ tirar vantagens pessoais da situação em detrimento do **tu**;
◉ ajudar e favorecer somente o pessoal ligado ao **eu**, perseguindo o **tu** e seu pessoal;
◉ maltratar, ofender, explorar, ignorar, pisar em cima, constranger, excluir e praticar outras ações que tragam sofrimentos físico, psicológico e/ou social para o **tu** e seu pessoal;
◉ não gostar de estar na posição do **tu**, recebendo tudo o que **eu** estaria lhe impingindo;

- provocar sentimentos negativos nas pessoas ao seu redor;
- ser onipotente e retrógrado;
- "sair pela porta dos fundos".

Se o **eu** estivesse no mesmo nível em que o **tu** está, o **eu** poderia:

- tentar eliminar, sabotar, sacanear o **tu**;
- desfazer os méritos, denegrir a imagem, criar maledicências, tudo com a finalidade de tirar o **tu** da concorrência;
- temer a competição saudável, aberta e franca com o **tu**;
- desgastar sua energia prejudicando seu rendimento;
- os olhos do **eu** ficariam estrábicos: um fixado no objetivo desejado, o outro, no competidor, controlando para que este não lhe puxe o tapete...

Se estivesse num nível abaixo, o **eu** poderia:

- querer derrubar o **tu** e as pessoas que estivessem acima;
- negar, desafiar, desobedecer, fingir que não ouve, não atender, fazer o contrário do que é pedido por **tu**;
- sentir muita inveja de quem estivesse acima;
- querer mostrar superioridade em algum outro aspecto que nem vem ao caso ("sou pobre, mas sou honesto");
- detestar se relacionar com o **tu** e outras pessoas que estivessem no nível superior;
- gerar mal-estar em todos à sua volta;
- perder oportunidades de crescimento, retardando serviços alheios;
- ser altamente retrógrado.

Os denominadores comuns de todas essas características são: destrutividade; onipotência; prepotência; arrogância; inveja; ciúme; competição desleal; desprezo; exclusão etc. Todas essas características são retrógradas.

11. A LINGUAGEM DO AMOR

O RELACIONAMENTO progressivo usa a **linguagem do amor** entre todos os três níveis, independentemente de onde estejam **eu** e **tu**.

> **Na linguagem do amor, onde todos ganham, os principais verbos são os positivos: ajudar, associar e admirar. Todos eles promovem o bem-estar. Todos eles começam com a, de amor.**

- Se o **tu** estivesse em um nível abaixo, o **eu** deveria ajudá-lo.
- Se o **tu** estivesse no mesmo nível, o **eu** deveria se associar a ele.
- Se o **tu** estivesse em um nível acima, o **eu** deveria admirá-lo.

Num relacionamento vertical, o **eu** ajudando o **tu**, que está num nível abaixo, despertará no **tu** sentimentos bons como gratidão, boa vontade em querer retribuir, sensação de ser reconhecido, o que provoca um aumento de autoestima em **tu**, ânimo para torcer para que o **eu** progrida cada vez mais. **Eu** vai entrar sempre pela porta da frente na casa de **tu**, e dela sairá também pela "porta da frente", que lhe estará sempre aberta.

Para as pessoas progressivas quase não importa em que nível estejam, pois o seu comportamento relacional depende muito mais dos seus valores internos (superiores) do que da posição em que se encontram. Os progressivos sabem da transitoriedade das vantagens e desvantagens, do poder e da fama, e se adaptam bem a qualquer situação. Sobreviverão em paz não os mais fortes, os mais famosos, os mais poderosos, mas os que melhor se adaptarem às mudanças. A principal força do progressivo é o seu poder de evolução.

Para superar a transitoriedade do relacionamento entre pais e filhos adolescentes, todos têm que ser progressivos e entender que os três níveis interagem sinergicamente.

Quando se chega à adolescência, esses três níveis começam a se confundir, pois o filho pode ter simultaneamente os três níveis com seus pais, podendo estar abaixo no que se refere à dependência financeira, estar no mesmo nível – sendo parceiro num esporte que permite igualdade de condições – e estar num nível acima, ao falar inglês com mais desenvoltura ou ter mais facilidade ao utilizar computadores.

Viverá melhor quem estiver preparado para o que a vida promove ou a fatalidade traz. De um momento para outro, o que está no nível superior passa para o inferior por um motivo qualquer. Como poderiam ser os pais senis cuidados por filhos retrógrados?

CAPÍTULO 2
Caminhos para uma família de alta performance

1. NASCE UMA FAMÍLIA DE ALTA PERFORMANCE

O MUNDO está em plena mudança.

O passado já aconteceu e temos história para nos lembrarmos, o presente está mudando numa velocidade cada vez maior e caminhamos para um futuro inimaginável.

As estruturas físicas já construídas têm que ser adaptadas aos avanços tecnológicos, e o que era novo já está se tornando obsoleto.

Entretanto, há cérebros que não conseguem acompanhar esses avanços porque não fizeram as necessárias atualizações mentais. O cérebro, estrutura viva que se desenvolve graças à genética, não mudou, mas a mente, a estrutura viva do "como somos", sofreu uma grande evolução, da qual fazem parte cinco gerações distintas.

O corpo humano continua praticamente o mesmo há milênios. A vida individual começa com a primeira inspiração de ar e termina com a última expiração. Temos, portanto, um prazo vital para fazer tudo o que quisermos e pudermos. Nossa meta final ainda é a felicidade.

Mais do que nunca, a família ganha importância, principalmente se ela for atualizada com novos conceitos educacionais. Por meio do *Projeto de Educação Quem Ama, Educa!* busca-se a melhoria da performance de todos os integrantes da família.

2. GRANDES TRANSFORMAÇÕES NO COMPORTAMENTO HUMANO

As GRANDES TRANSFORMAÇÕES nestes últimos cinquenta anos nos relacionamentos entre pais e filhos não foram sequer imaginadas pelos estudiosos da psique humana. Elas continuam acontecendo no dia a dia, silenciosa e gradualmente.

E como cada um de nós, quase sem perceber, fez parte dessas modificações, só fomos notá-las quando já estavam grandes a ponto de nos parecer novas, fossem estranhas ou não.

Considero importante que cada pessoa saiba da sua própria participação nessas mudanças e tenha consciência de sua força.

A família atravessou profundas e importantes revoluções nestas últimas décadas. Alguns pais insistem em repetir modelos ultrapassados, ancorados em uma espécie de lamento saudosista: "No tempo do meu pai era bom. Bastava ele me olhar, que eu obedecia".

Mas, se realmente tivesse sido tão bom, teríamos repetido o que eles fizeram e não teríamos participado dessa revolução evolutiva.

3. ADMINISTRAÇÃO EMPRESARIAL APLICADA EM CASA

O UNIVERSO EMPRESARIAL também atravessou mudanças. As empresas estão ficando cada vez mais enxutas. Funcionários são despedidos e recontratados como autônomos. Investe-se na terceirização.

A geração dos pais viveu na pele essa alteração no mercado de trabalho. Muitos entraram numa empresa como *office boys* e por meio do esforço, ou do tempo de serviço, foram galgando degraus até chegarem à gerência ou, quem sabe, à diretoria.

Hoje, anos de dedicação a uma companhia podem representar pontos negativos no currículo se durante todo esse tempo a pessoa tiver desempenhado a mesma função. Hoje existem muitos outros valores, agregados ao cumprimento da obrigação, que diferenciam um trabalhador bom de um medíocre.

A estrutura empresarial também se transformou. Antes, lembrava muito a hierarquia militar. O poder de uma pessoa no trabalho podia ser medido em função do número de funcionários subordinados a ela; e sua importância aumentava quanto menos pessoas estivessem acima dela.

Era uma estrutura piramidal com relacionamentos verticais. Atualmente, as relações no trabalho são mais horizontais e mais abertas.

> **Se, no passado, o empregado tinha tarefas bem definidas, hoje não basta cumprir a sua parte, ou seja, o que se pede. O melhor funcionário é o que age como se ele próprio fosse uma microempresa dentro da empresa.**

Os valores exigidos para a realização profissional são: empreendedorismo, competência, criatividade, meritocracia, gratidão, disciplina e, permanecendo por todos esses, a inteligência relacional e a ética.

Enquanto isso acontece no meio empresarial, o que se passa na família? Os modernos conceitos de gestão têm sido aplicados dentro de casa?

De modo geral, os profissionais estão repartidos: são bem desenvolvidos no trabalho e quase ausentes em casa. É como se tivessem um pé no terceiro milênio e outro no ar, buscando apoio.

Esses profissionais bem-sucedidos ficaram buscando alternativas que pudessem melhorar a vida dos seus filhos, mas o fizeram na base do erro e do acerto, já que ninguém lhes "ensinava" o melhor caminho, mesmo porque ninguém saberia o que exatamente deveria ser feito.

> **Quando uma família se fecha para resolver seus problemas educacionais, ela está reinventando sua própria roda educativa dos filhos, enquanto no social as pessoas já estão correndo de carro.**

Assim, a educação acabou virando uma colcha de retalhos, isto é, as ações educativas eram tomadas em função do que os filhos fizessem, no momento em que agissem, de acordo com a disponibilidade, os sentimentos e os conhecimentos dos pais.

Os pais sabiam que suas referências de infância e adolescência não serviam mais, mas também tinham consciência de suas próprias dúvidas sobre o que fazer em relação a filhos que se comportaram de maneira inesperada.

4. DIFERENTES CONSTITUIÇÕES FAMILIARES

As FAMÍLIAS TÊM hoje diferentes constituições. Não são mais um núcleo piramidal de pessoas unidas pelo sangue, com o poder maior concentrado no pai, seguido pela mãe que "cuida da casa e cria os filhos".

> **A família de hoje é um núcleo afetivo, socioeconômico, cultural e funcional movida por um espírito de equipe no qual convivem filhos, meios-filhos, filhos postiços, pais tradicionais-revolucionários-separados- -recasados, o novo companheiro da mãe e/ou a nova companheira do pai.**

O que relato abaixo é bastante genérico e segue os caminhos que a média dos casais que se separam trilha:

Um casal, José e Maria, com filhos, se separa. Ainda hoje a Maria, como muitas outras Marias, fica com os bens afetivos, os filhos, enquanto José, com os bens materiais, o dinheiro. Hoje existe a guarda compartilhada, em que os filhos podem ficar igualmente com Marias e Josés. Essa guarda é uma conquista dos Josés.

Geralmente, Maria mantém a estrutura de família: mãe e filhos. José volta a viver sozinho. Pouquíssimos Josés voltam a morar com os seus pais. Maria fica mais tempo do que José sem casar outra vez, mas José logo encontra uma parceira.

A nova parceira de José pode ser uma mulher solteira, o que está ficando raro, ou uma mulher ex-casada que tenha filhos. Geralmente as Marias não largam os filhos.

Eis José agora com uma nova família, lidando e/ou cuidando dos filhos da nova mulher, mas restringindo pensão aos seus filhos porque ficaram com Maria. Muitas Marias precisam pedir ao juiz que reclame essa pensão, e este faz José pagar sob pena de ir para a prisão.

Hoje Maria também pode encontrar um parceiro para namorar, apresentar aos filhos e, caso estes não o aprovem, viver em dificuldade a vida a dois, pois Marias preferem abdicar do novo casamento a contrariar os filhos, mesmo que os Josés tenham se casado.

É natural que a nova mulher de José queira lhe dar um filho, isto é, engravidar dele. As Marias, quando amam, querem dar filhos ao seu amor; mas, quando se separam, não os entregam. A própria Maria não os entregou, e a nova mulher de José trouxe os filhos dela.

Mas José não resiste à conversa de travesseiro noites e noites, até que ele e a nova companheira decidem ter um filho, um só... Não é raro as Marias sabotarem o novo marido e engravidarem calculadamente, "sem querer". Alguns Josés se separam, mas a maioria acaba "entrando" no jogo da nova mulher.

Quando os filhos que ficaram com a Maria vêm visitá-lo, eis o panorama: José e seus filhos com duas mulheres diferentes mais os filhos postiços que vieram com a nova mulher; a nova mulher com filhos de dois homens, José e o ex-marido; todos os filhos de todos sob um mesmo teto. São os "meus, os seus, os nossos...".

$$\vdots$$

Enquanto os filhos são crianças, cabe aos adultos a administração dessas situações. Conforme a adolescência for chegando para cada um dos filhos, a rede de relacionamentos balança, pois as mudanças de uns repercutem nos outros.

O que caracteriza a adolescência é a autonomia comportamental, o que significa lutar para conseguir realizar vontades próprias. Cada um se acha no direito de mudar de escola, de morar com o pai ou com a mãe, e, na nova família, de não obedecer seu não pai ou sua não mãe. O adulto que não é obedecido passa a não ser respeitado pelos próprios filhos, e começa a reinar uma confusão geral.

Filhos adultos jovens podem não querer morar com nenhum dos pais, preferindo morar sozinhos, mesmo sem independência financeira. José agora pode ter despesas com três casas: a própria, a da ex-mulher com seus filhos e a do adulto jovem.

Para acabar com essa confusão generalizada, o importante é que a família funcione como uma equipe. Cada integrante dessa equipe tem seus direitos e suas obrigações, combinadas e estabelecidas com o acordo dos outros integrantes, não importando se o outro é filho, meio-filho ou filho postiço. O que for bom para um não pode ser ruim para o outro, diz a ética familiar. A equipe familiar é uma minissociedade e deve fazer valer a cidadania familiar.

> **A família que adota o sistema de equipe acaba com os problemas de consanguinidade. Também não importam idade, sexo, etapas da vida (adulto, adulto jovem, adolescente, criança); cada um lidera naquilo em que é mais desenvolvido.**

Num espaço físico onde um adulto tem dificuldades, uma criança pode conseguir melhores resultados. Um adolescente pode ser mais despachado em informática, enquanto as finanças podem ficar a cargo dos adultos provedores.

A vitória de uma equipe familiar é a qualidade de vida de todos. A felicidade não está pronta, à espera de que se chegue até ela. Mas pode ser encontrada no caminho, a cada passo de qualidade de vida que se dá, não se lamentando pelo que não se tem, mas usufruindo muito bem do que e de quem se tem...

5. PROJETO DE EDUCAÇÃO: QUEM AMA, EDUCA!

SE ANTES A FAMÍLIA funcionava no esquema de chefia patriarcal, hoje precisa atuar como uma equipe. Já é um avanço, mas pode ser mais atualizado se forem acrescidos alguns conceitos empresariais.

Toda equipe possui um projeto e valores básicos. Os pais precisam ter um projeto de educação para seus filhos. Durante muito tempo se ouviu falar: "Quem ama, cuida!"; "Quem ama, provê!"; "Quem ama, perdoa!" etc. Nossos adolescentes estão cuidados, providos e perdoados, mas não têm educação.

> **O objetivo do Projeto de Educação Quem Ama, Educa! é fazer do filho um cidadão ético de sucesso e feliz, e que os pais se tornem materialmente desnecessários mas afetivamente importantes.**

Por meio desse projeto, é possível despertar nos filhos os valores essenciais.

Vários conhecimentos deveriam constar da educação dos filhos para se estimular o desenvolvimento de suas personalidades. É como plantar sementes e ajudar a planta a crescer. Não adianta colocar adubo numa terra que não foi semeada, ou plantar e depois abandonar a terra...

> **Não adianta vencer na vida material e ser infeliz ou achar-se feliz, dependendo ainda afetiva e financeiramente de outros.**

A infância é o aprendizado do alfabeto relacional. Até os 4 anos de idade, a criança praticamente já absorveu o mundo ao seu redor, tendo até aprendido como lidar com muitas situações, mesmo sem compreendê-las profundamente.

O adolescente sente uma vontade imperiosa de se mostrar e ser visto por outros adolescentes, numa busca de autonomia comportamental que assola a sua personalidade, tumultuando todos os que lidam com ele. Nessa fase, o adolescente adora ir a locais onde nem consegue entrar, de tão cheios de adolescentes... Reparei que adolescente adora ir à escola, mas o que o atrapalha são as aulas...

Na adolescência, questões não resolvidas ou não aprendidas na infância podem vir à tona. Com certeza, pais adequados de adolescentes têm condições de recuperar uma infância mal semeada ou mal cultivada. Mas pais inadequados que querem lidar com adolescentes como se fossem crianças só podem piorar aquelas questões.

6. COMO OS PAIS PODEM PREPARAR UM FILHO PARA TER SUCESSO?

Não basta oferecer ao filho uma boa escola, modernos cursos extracurriculares, alimentação de qualidade e os melhores cuidados médicos, porque a educação é um projeto que requer foco e estratégias de ação, para atingir o objetivo pretendido.

Um pai empreendedor não desperta o empreendedorismo no filho apenas pelo seu exemplo.

> *Willian, de 15 anos, é obeso, inteligente, mas repetiu o primeiro ano do colégio. Sem iniciativa para nada, quer dirigir e insiste que o pai lhe compre uma Ferrari vermelha. É hábito seu agredir verbal e fisicamente a mãe. Chama-a de inútil e começa a quebrar o que vê pela frente se ela não lhe traz um copo de água.*
>
> *Seu pai, de origem humilde, é um empresário bem-sucedido. Esportista e empreendedor, ele sempre satisfazia todos os desejos e vontades do filho. Tratava sua esposa, mãe de Willian, como empregada. De orgulho, o pai passou a ter vergonha do filho e responsabilizava a esposa por isso. A pedido da mãe, o pai levou-o para seu*

trabalho. Lá, o filho, além de nada fazer, não saía do restaurante.
Chamou-o de "comilão incompetente" e já não o queria mais lá.

Willian não sabe nem mexer num computador, detesta ler, tem vergonha de ser obeso, mas é contra tudo o que precisa ser feito e só quer fazer o que tem vontade. O pai não conseguiu passar ao filho o seu empreendedorismo.

Assim, o filho nada aprendeu. O pai sentiu-se fracassado no que ele tinha de mais importante: seu único filho.

⋮

Um dos pontos em que o pai falhou foi o de fazer tudo pelo filho, sem que este tivesse que mover uma palha. O fazer tudo pelo filho, além de não educar, ensina-o a nada fazer, ou seja, perde-se o foco da educação e, com isso, a estratégia de sua ação.

> **O filho simplesmente trilhou o caminho aberto pelo pai e foi um transeunte da vida, cujos passos eram guiados pela exagerada solicitude do pai e sombreados e regados pela mãe.**

Willian sentia-se onipotente nos seus devaneios e incompetente na sua realidade. Intimamente, sentia que fracassaria em qualquer iniciativa empreendedora e, para não se frustrar nas suas vontades, tiranizava os pais por meio da dependência. Assim, em vez de ser empreendedor, transformou-se em "esperador".

7. TRANSFORMANDO SONHO EM PROJETO DE VIDA

UM **LÍDER EDUCATIVO** é o que aproveita positivamente o "empreendedorismo natural" da criança e do adolescente. Antes de estimular as ações, os pais poderiam "instigar os sonhos", fazendo com que os filhos "enxergassem" os resultados pretendidos.

A segunda etapa é transformar o sonho em projeto. Caso não consiga essa transformação, muda-se o nome para **devaneio**, que é um simples sonhar pelo prazer de sonhar. Esse prazer é algo particular e ninguém tem o direito de desmanchá-lo. Muitas realizações começaram por devaneios que depois viraram sonhos...

Um bom exemplo de devaneio é quando uma pessoa, ao ver o prêmio da loteria acumulado em muitos milhões de reais, fica imaginando o que faria com esse dinheiro todo. Não terá como ganhar esse prêmio se não fizer pelo menos uma aposta...

Quando a pessoa faz uma aposta que seja, esse devaneio se transforma em **sonho**, cuja realização depende puramente do acaso.

A terceira etapa é o estabelecimento de metas. O grande objetivo é realizar o sonho, mas cada passo a ser dado pode ser considerado como uma meta, com prazo a ser cumprido. Aqui o sonho começa a pisar na realidade.

Para Willian, sua vida escolar estava tão ruim que até mesmo passar de ano era um devaneio. Para os pais, uma obrigação dele. Willian jamais poderia passar de ano se não transformasse esse devaneio em sonho.

Devaneios não se realizam; sonhos, sim. Não importa o que se passa na cabeça dos pais, é o filho que está com o poder de devanear, de sonhar, de transformar devaneio em sonho. Os pais estavam tão envolvidos em querer que o filho passasse de ano que não conseguiam reconhecer o poder que o filho tinha.

8. DE FILHO "ESPERADOR" A EMPREENDEDOR

Através da terapia, conseguimos, Willian e eu, vislumbrar o devaneio e começamos a transformá-lo em sonho de passar de ano. Estávamos começando a colocar um pé imaginário no devaneio para termos o outro no sonho.

A maior dificuldade de Willian era sua crença no devaneio, isto é, negava a realidade de ter que estudar. Ficava perplexo com essa realidade. Como? Nunca fez nada para ter tudo, por que agora teria de estudar? O grande problema que Willian teve de enfrentar foi: a vida não é um devaneio.

Para passar do sonho ao projeto de execução era necessário colocar o "**pé no chão**". Não foi difícil para Willian entender, mas ele estava muito perdido para poder se organizar. Preferia usar o truque da onipotência. Dizer "não quero" é expor uma ferida da sua autoestima.

Tarefa difícil para nós foi Willian ter de encarar que ele não era Deus, mas apenas um ser humano que ri, que chora, que pode e não pode, que acerta e erra.

Willian sempre me ouviu dizer-lhe que, como psicoterapeuta, não dependia de mim ele passar de ano. Assim também o seu ser feliz dependeria mais dele que de mim. Ele estava infeliz e esperava que a felicidade fosse um pacote pronto que viria com a Ferrari vermelha...

Para ele se sentir feliz, teria que dar o melhor de si para atingir suas metas de realização. A primeira meta seria passar de ano, pois ninguém poderia passar por ele.

O pé na realidade agora seria a meta de ir bem na sua primeira prova mensal. Estava começando a estudar, pois agora estava consciente de que não conseguiria ir bem na prova sem estudar...

Foi quando os pais de Willian se separaram e interromperam a sua terapia. Se Willian tivesse começado sua terapia alguns meses antes, com certeza estaria forte o suficiente para lutar pela sua felicidade, pois até em casa ele estava começando a tomar iniciativas.

Foi uma pena que os pais tenham interrompido a sua terapia...

9. PAIS: LÍDERES EDUCADORES

Mais do que simples provedores e exemplos, os pais têm que ser líderes educadores. E desempenhar essa função no sentido pleno: **educar** vem do latim *educare*, e, segundo o *Dicionário*

Houaiss, é "dar (a alguém) todos os cuidados necessários ao pleno desenvolvimento da personalidade". Educar é ajudar a desenvolver o ser humano de dentro para fora.

Líder é a "pessoa cujas ações e palavras exercem influência sobre o pensamento e comportamento de outras" (*Dicionário Houaiss*). Líder é quem consegue passar ao liderado sua energia de vida, torcida, reconhecimento do empenho/competência do seu liderado, elogio e gratidão pelos resultados obtidos, compartilhando cada etapa, do despertar até a realização.

> **O relacionamento do líder com os seus liderados traz dentro de si grande admiração mútua, sinergia afetiva nas trocas e uma forte união para um objetivo comum. Todo bom líder prepara novos líderes.**

Líder educador é o pai ou mãe que consegue que o filho desperte, veja o realizável, identifique, entenda, se entusiasme, se comprometa e realize o melhor que pode.

A tendência é que aquele que é bem liderado seja também um líder, uma pessoa de sucesso. Um bom líder contagia seu liderado. Um eficiente liderado carrega seu líder dentro de si.

É bom lembrar, porém, que nem todos os valores surgem naturalmente. Alguns podem e devem ser semeados. Os verdadeiros líderes também plantam sementes e ajudam-nas a se desenvolver.

Pais líderes educadores podem iniciar e desenvolver nos filhos vários hábitos saudáveis: comer bem; boas leituras; esportes; interesses e comprometimentos mútuos com trocas de experiências; boa saúde física e mental etc.

Minha proposta é que os pais líderes educadores comecem a introduzir na família os conhecimentos obtidos no trabalho. O primeiro passo é fazer com que as relações deixem de ser verticais.

Nas empresas, a chefia está perdendo lugar para a liderança. Em casa, os filhos deveriam participar das decisões familiares dentro do alcance de suas competências e responsabilidades. Portanto, as decisões viriam da equipe, e não somente do líder.

Cada funcionário dentro de uma empresa tem que funcionar como se fosse um profissional autônomo, fazendo o melhor que pode para o seu patrão, atual cliente empregador. Cada filho teria sua função a cumprir e seu papel a desenvolver dentro da equipe família.

Numa família de alta performance, as rotinas seriam os deveres de cada um, para que ninguém fique perdendo tempo tocando a rotina dos outros. Arrumar o próprio quarto é um bom exemplo. Cada um que arrume o seu, pois ninguém deve ser sobrecarregado e todos têm o mesmo direito a atividades mais criativas e, também, a cuidar de seus próprios interesses.

Os pais líderes educadores entendem que os obstáculos que paralisam as máquinas são os mesmos que deveriam estimular a mente dos filhos a buscar soluções mais adequadas. Máquinas precisam de comandos; e filhos, de líderes…

10. PAIS FAZEM O QUE PATRÕES NÃO FAZEM…

- Como lidaria um líder com um empregado que passasse o mês inteiro sem fazer nada e se esforçasse só no dia do pagamento? O que um pai/mãe líder educador deveria fazer com um filho que estudasse somente na véspera da prova mensal?

- O que faz um líder cujo funcionário nada produz em um mês, fica outro mês parado e chega até o final do ano sem apresentar resultados? Continua ele pagando o salário? O que um pai/mãe líder educador teria que fazer com um filho quando este repetisse de ano?

- O que um líder faria com um funcionário a quem forneceu um carro, se ele parasse de trabalhar? O que um pai/mãe líder educador deveria fazer a um filho que ganhou um carro por entrar na faculdade, mas logo depois abandonou os estudos? Deixaria que o filho continuasse com o carro?
- Aceitaria um líder que seu empregado, sem razão, viesse lhe dizer desaforos e o maltratasse? Por que um pai/mãe líder aceitaria que um filho, sem motivo, o maltratasse e lhe respondesse mal?
- O que um líder faria com um empregado que sai com dinheiro para pagar uma conta, não paga e gasta tudo em despesas próprias? E o pai/mãe líder deveria fazer o quê, se o filho desviasse dinheiro da casa para baladas e bebidas?
- O que um líder faria com um funcionário que vivesse provocando outros, criando confusão por onde passasse e não cumprisse suas obrigações? O que um pai/mãe líder educador poderia fazer com um filho que vivesse maltratando a mãe, provocando os irmãos, e por onde passasse deixasse tudo bagunçado?

Essas questões mostram que existem diferenças entre condutas ou ações tomadas nos campos profissional e familiar.

> **Os filhos não são empregados, e a família não é uma empresa. Um líder não tem vínculos afetivo-familiares com seus funcionários. O que rege o seu relacionamento profissional é o trabalho, mas o que rege o familiar é a formação do cidadão.**

Tanto um líder quanto seus liderados estão sujeitos a ser sumariamente despedidos conforme as mudanças que ocorrerem nas empresas para as quais trabalham.

Numa família, não se despede ninguém. Mas isso não significa que cada um não possa arcar com as suas devidas responsabilidades. Pelo contrário, na família existe o amor familiar, paterno, materno, fraterno e filial, além da proposta de vida diferenciada por meio do comprometimento vitalício de um com o outro.

Um mau funcionário pode ser despedido, mas o que acontece com maus pais? O preço a ser pago pelos maus pais é muito maior e duradouro, pois vai influenciar diretamente na formação dos seus filhos. Não existe algo que faça os pais sofrerem mais do que ter maus filhos.

Um empregado pode ser substituído por outros, mas todo filho é único e insubstituível, mesmo que tenha vários irmãos.

Se, por um lado, tais diferenças podem ser muito sofridas, as oportunidades de acerto são muito maiores que as de erro para os pais, pois nestes existe o amor e a vontade de acertar.

É graças à família que um bebê cresce e se desenvolve. Quem não teve família, contou com alguém que a substituísse.

O ciclo de vida humano é perfeito para as suas diferentes etapas. Nas etapas de dependência infantil e senil, pode-se contar com o cuidado de adultos. Um filho que hoje depende dos pais amanhã terá a oportunidade de retribuir aos pais senis.

Por melhores que sejam empregos e trabalhos, todos eles são transitórios na vida das pessoas. Existem em função da vida, e não a vida em função deles. Trabalhamos para viver, e não o contrário.

Os pais líderes educadores não carregam sozinhos seus filhos, mas estimulam-nos a ser comprometidos com o sucesso da família. Por melhor que cada um faça a "sua parte" na família, ainda existe a preocupação de um ajudar o outro no que este precisar.

11. FAMÍLIA, UMA GRANDE EQUIPE

PODEMOS APRENDER LIÇÕES interessantes observando os gansos selvagens, como diz o comunicador e radialista Alexandre Rangel no seu livro *O que Podemos Aprender com os Gansos*. Eles voam formando um V, que é a melhor maneira de vencer a resistência do ar. Desse modo, o bando inteiro tem um desempenho 71% melhor do que teria se cada ganso voasse sozinho.

O líder fica no vértice do V. É o que precisa fazer uma força maior para quebrar a resistência do ar, e se cansa mais depressa. Os demais ficam atrás, abrindo o ângulo do V, e grasnam para encorajar os da frente.

Quando o líder se cansa, ele passa para trás, e imediatamente outro menos cansado assume o seu lugar. E assim o voo continua.

Se um deles adoece, dois gansos abandonam a formação e seguem o companheiro para ajudá-lo e protegê-lo. Não o deixam sozinho. Ficam ali até que esteja apto a voar de novo, no bando seguinte, ou venha a morrer. Só depois eles levantam voo e se integram à formação em V de origem ou a outro bando qualquer.

O rendimento do voo do bando não cai mesmo durante a troca dos líderes. Eles compartilham uma direção comum e predomina o instinto de comunidade sobre o individualismo. Eles se ajudam mutuamente nos momentos difíceis. Revezam-se na liderança e se beneficiam todos de ser liderados.

Esses conceitos podem ser aplicados à família. Ser progressivo na família é desenvolver todos os seus integrantes como cidadãos. Isso deveria valer para toda e qualquer família, não importando qual o seu tipo de constituição.

A responsabilidade de manter a casa em ordem não é só da mãe, que volta cansada do trabalho. É de toda a equipe, isto é, os filhos têm que arrumar os seus próprios pertences, assim como o pai.

A família é uma equipe que deve ser defendida por todos. Se um adolescente sai sem apagar a luz do seu quarto, o prejuízo é da equipe. Cada um deve reconhecer quanto pode estar sobrecarregando a família. O trabalho de um é para e pelo bem de todos; afinal, todos dependem uns dos outros.

A agitação de um pode provocar o outro. A alegria de um contagia o outro. Os afetos correm soltos como se fossem líquidos em vasos comunicantes. Quando todos mantêm entre si um nível afetivo bem próximo, a família está sintonizada.

Esse espírito de equipe deve ser mantido também pelo adolescente longe de casa, pois, para onde for, ele representa a sua família. Mesmo estando fisicamente sozinho, dentro de si ele carrega suas pessoas queridas.

Infrações domésticas são transgressões familiares cujas consequências imediatas podem ser insignificantes, mas precedem as grandes transgressões sociais.

"Cidadania familiar" é um viver cidadão dentro de casa, respeitando e fazendo respeitar as suas normas, para o bem comum da família. Esta precede a cidadania comunitária.

Hoje pai e mãe não têm muito como se safar dos apertos financeiros e, assim, não podem se dar ao luxo de um deles ficar em casa para educar os filhos. É preciso que os dois trabalhem para prover a família, ainda que tenham poucos filhos ou um só. Não fossem tais apertos, ainda teriam fortes motivos para trabalhar, como realização pessoal na profissão, fazer valer um diploma tão duramente conquistado, ou até mesmo assumir os negócios da família.

Mas a própria tecnologia e os avanços relacionais de hoje permitem um recurso altamente atualizado para a educação dos filhos. É o **network educativo,** que é a rede de pessoas que os pais formam para educar seus filhos na sua ausência.

Essa rede em geral é formada por babás, empregadas, motoristas, avós, tias etc., que ficam "tomando conta" das crianças enquanto seus pais trabalham. Elas diferem das pessoas comuns porque recebem dos pais uma orientação básica sobre como proceder e sobre quais são os pontos fundamentais que a rede precisa saber.

Essa rede aplica na ausência dos pais o que estes desejam para os filhos. Se os pais estão educando os filhos para guardar os próprios brinquedos, a rede tem que continuar com esse ensinamento. Assim, todas as pessoas à volta da criança falam a mesma linguagem educativa. Dessa maneira, preenchem-se os princípios educativos da coerência, constância e consequência.

Essa rede é mais difícil de ser usada com os adolescentes, que praticamente fogem de qualquer tipo de controle. Mas seria muito bom que os funcionários da casa reportassem aos pais o que seus filhos fizeram de bom e de ruim. Quando os adolescentes sabem que os pais vão saber, eles se controlam mais.

CAPÍTULO 3
Amor e negociações entre pais e filhos

A vida é o movimento do amor e das negociações.
A célula precisa de oxigênio para viver,
mas morreria se só o recebesse.
Ela sobrevive porque devolve o gás carbônico.
Qualquer ser é vivo porque faz trocas e negociações
internas e externas.
Inteligência, criatividade e religiosidade incluíram
o amor nas trocas.
As trocas, o amor e as negociações construíram a civilização.
A civilização é formada por famílias.
A família é o berço do bebê, a escola da criança
e a vida do adulto.

É da família que o bebê recebe afeto e forma autoestima.
A troca é da biologia, o amor, da família,
e a negociação, do social.
… Assim, o amor é o oxigênio da humanidade!

Içami Tiba

◉

1. AMOR, ALMA DOS RELACIONAMENTOS HUMANOS

Onde há vida, há trocas. Se um organismo vivo não fizer as trocas respiratórias, pegar oxigênio e liberar gás carbônico, acaba morrendo. O gás carbônico, CO_2, é o produto final de todos os metabolismos no organismo. O inverso acontece com as plantas. Elas precisam do CO_2 e em troca devolvem o O_2 para o ambiente. Essas trocas fazem parte da natureza e são um grande aprendizado para o ser humano. As plantas precisam de nós e nós precisamos delas.

Essa é uma troca biológica, O_2 por CO_2, que se opera automaticamente pelo sistema nervoso autônomo. Portanto, não existem negociações nesse nível biológico. Ou faz trocas ou morre.

A palavra **negociação** por mim usada neste contexto é tudo o que acontece no relacionamento entre duas ou mais pessoas ao longo da vida, sem a frieza mercantilista, mas considerando as trocas afetivas, permuta de favores, intercâmbio de ideias, investimentos na educação etc.

Trocas afetivas saudáveis são todos os familiares ganhando e sentindo-se bem com elas. Mesmo não sendo mercantilistas no sentido débito-crédito, elas implicam não ter prejuízos afetivos, sacrifícios de trabalho útil, desgastes relacionais nem desperdício de vantagens recebidas. Nelas prevalece o "ganha-ganha".

No decorrer de sua vida, uma pessoa na família passa por vários estágios de trocas afetivas, que vou abordar neste capítulo, focando os seus aspectos educativos.

O grande capital a ser computado é a formação da autoestima e a construção do caráter da personalidade.

2. AMOR DADIVOSO, ENTRE PAIS E FILHO BEBÊ

A AMAMENTAÇÃO no início da vida é mais doação que troca. O bebê funciona mais por determinação genética que pela vontade própria. Cabe à mãe conseguir fazer a leitura adequada das necessidades do bebê e atendê-lo. A mãe funciona como um ego auxiliar do bebê, que necessita totalmente dela.

Quanto melhor a mãe fizer a leitura do que o bebê precisa, mais satisfeito e tranquilo ele ficará. O bebê estará feliz e a mãe também.

É o **amor dadivoso**, que faz tudo por e para o bebê. Esse amor dadivoso é natural na **maternidade**, porque traz traços biopsicossociais. A mulher tem preparo biológico para ser mãe.

Na **paternidade**, o homem tem que desenvolver esse amor dadivoso, pois não há preparo biológico para ser pai. Atualmente os homens estão se preparando mais afetiva, familiar e socialmente para exercer a paternidade.

3. AMOR QUE ENSINA, ENTRE PAIS E FILHO CRIANÇA

CRIANÇA PRECISA de adulto responsável à sua volta. Agora os pais funcionam como consciência familiar e social. A criança já identifica o que quer, mas são os pais que ensinam, ou não, a adequação do seu querer. Portanto, mais que somente dar, está na hora de ensinar.

O aprender dá segurança ao filho, que pode começar a contar consigo próprio. É aqui que os pais começam a ensinar como é bom aprender a aprender, por meio de agrados, estímulos e reforços.

O amor dadivoso concede tanto prazer, que muitos pais continuam a doá-lo por um tempo indefinido, mesmo quando não é mais necessário, tornando-o, portanto, inadequado.

Uma criança que nada faz não aprende, não transforma as informações em conhecimento. Por isso uma criança precisa mais fazer do que ouvir as repetições das ordens.

É mais importante dar uma dica para a criança se lembrar do aprendido do que ficar ensinando tudo novamente. Depois das dicas, basta um dedo, um levantar de sobrancelhas para a criança lembrar do que estava esquecendo.

Se a criança descobre o como fazer (*know-how*), fica mais fácil ensinar o quando, onde e por que fazer.

Porque fazendo ela descobre o funcionamento de tudo e adquire um *know-how* que lhe pertence. O conhecimento dá poder e independência, alimentos da autoestima.

Ensinar uma criança a aprender é uma das maiores lições de vida que os pais podem passar aos seus filhos. Nada impede que a criança aprenda sozinha, mas ela vai saber fazer muito melhor se fizer sozinha depois que aprender o básico.

Ensinar algo exatamente no momento em que ela busca a resposta é o momento ideal do aprendizado. Tentar ensinar fora de tempo é desperdício de esforço dos pais e desgaste do filho para o aprendizado.

Assim que pergunta, uma criança aguarda um tempo para ouvir a resposta. É o **momento sagrado do aprendizado**. Em seguida, rapidinho, vem o tempo de querer fazer sozinha...

Os pais têm que estar atentos para perceber quando chega o momento sagrado do aprendizado, porque a criança para com a atividade motora, o rosto fica meio parado, olhos vivos, e quase que se percebe o cérebro em plena atividade...

É tempo de semear também os ensinamentos que os pais querem que seus filhos aprendam, incluindo os valores superiores (gratidão, religiosidade, disciplina, ética, cidadania etc.).

O ensinar é um amor bem próximo do dadivoso, pois o mestre se sente gratificado pelo que conseguiu passar para o seu aprendiz. Assim, também os pais se sentem realizados quando seus filhos são educados.

A criança precisa do **amor que ensina**, pois ela nasceu somente com seus instintos e um imenso potencial para apreender e aprender o que existe à sua volta.

O amor que ensina é um investimento afetivo e material para um bem viver futuro do filho.

> **Os pais líderes educadores, quando proíbem, mostram as causas da proibição, fazendo a criança "ver" os perigos. Logo a seguir, já apresentam à criança novos caminhos alternativos, éticos e permitidos, ou a estimulam para a busca.**

É fundamental que se aplique o **Princípio Educacional da Coerência**, **Constância** e **Consequência** nesse amor que ensina.

Apesar de o amor que ensina ser direcionado às crianças, sempre é tempo de ensinar alguém disposto a aprender. O interessante é que, quanto mais se sabe, mais se quer aprender. E, quanto mais se aprende, mais se quer ensinar...

4. AMOR QUE EXIGE, ENTRE PAIS E CRIANÇAS CRESCIDAS

SE SABEM, por que os filhos não fazem?

Porque têm permissão, velada ou declarada, para não fazer, já que, mesmo que não façam, não há consequências.

O que os pais ensinam penetra na criança como informação que, quando entra em ação, pode se transformar em conhecimento. Este se consagra pela prática, pelo uso, pela realização da informação, pois conhecimento é a informação em ação.

Quando uma criança faz, ela pode descobrir novos caminhos, buscar outros resultados.

> **A própria ação leva a criança a descobrir um saber inerente ao ato. Os pais ensinam o filho a guardar o brinquedo após brincar com ele. Ele apreendeu essa informação. Somente quando ele guarda o brinquedo é que essa informação se transforma em conhecimento.**

É por isso que faz parte da educação progressiva o ter que guardar. Muitas vezes a criança tem uma inibição inicial, uma espécie de vergonha de guardar porque de fato nunca o fez.

Se a criança não superar essa inibição, vai se tornando cada vez mais difícil realizar a ação.

Por tudo isso os pais deveriam estimular a criança a guardar ela mesma o brinquedo. Caso o estímulo não seja atendido, passa-se à exigência.

Para os pais que querem proporcionar tudo de graça aos filhos, não é fácil exigir que eles guardem os próprios brinquedos. Quem obtém de graça não se desenvolve.

5. NEGOCIAÇÃO ENTRE PAIS E GERAÇÃO *TWEEN*

GERAÇÃO TWEEN é uma geração nova, criada pelo *marketing* para definir um mercado consumidor específico de crianças de 7 a 12 anos de idade. São crianças pela idade biológica, mas são consumidores de artigos de adolescentes como tênis, roupas, bonés, telefone celular, joguinhos eletrônicos, computador, blogs, internet etc.

Seus pais acham-nas crianças abusadas, precoces, sem limites, sem noção etc., e ficam admirados pelos seus avanços comportamentais, mas também ficam revoltados com os gastos.

É uma geração altamente consumidora, constituída de filhos únicos ou tendo no máximo um irmão. Se quiserem atender todos os pedidos dessa geração, os pais, juntando os seus ganhos, não seriam capazes de arcar com os gastos.

São inteligentes e rápidos no raciocínio, e frequentemente precoces nos costumes. Querem comprar tudo o que surge e do modelo mais completo.

No desenvolvimento biopsicossocial da adolescência, os *tweens* englobam a etapa da confusão pubertária e final da infância. É nessa etapa que começam as modificações hormonais e tem início a formação do pensamento abstrato.

Ainda não existem estudos com acompanhamento de vários anos para se saber como cada *tween* evoluiu. Mas algumas questões estão claras em relação à adequação, conforme minha experiência clínica.

Se uma família vive com um orçamento apertado, vale a pena fazer um balanço financeiro com os custos de cada item essencial para a sobrevivência, incluindo o objeto do desejo do *tween*. Todos podem pensar juntos se o custo de um par de tênis ou de um celular compensa o sacrifício em outras áreas.

Dessa maneira, os *tweens* têm a oportunidade de avaliar seus gastos para o contexto específico da família.

Numa família com folga financeira, os pais ficam constrangidos em não dar ao seu filho único o que ele lhes pede. É uma excelente oportunidade para a negociação. Os *tweens* são muito vivos e criativos, portanto, capazes de transformar objetos supérfluos em essenciais.

Pais consumidores também precisariam negociar seus próprios desejos para educar os filhos. Os filhos aprendem muito imitando os pais.

Um dos recursos utilizados para os filhos otimizarem suas compras é que os pais estudem com eles todas as propriedades do objeto de desejo. A compra deve obedecer às reais necessidades do filho. Ou seja, não se deve comprar o objeto mais avançado, pois ele pode ter funções que jamais serão usadas. Hoje um celular é um minicomputador e organizador, pois tem agenda, calculadora, despertador, MSN (Messenger), e-mail, notícias diárias, GPS, máquina fotográfica etc. Na maioria das vezes, uma função a mais não justifica a troca do aparelho, pois esta pode não ser usada, o que seria um desperdício.

Se a família vive com altos e baixos financeiros, seria bom se, nas negociações entre pais e filho *tween*, essa variável fosse incluída. Quando a família está com o caixa alto, não deve assumir prestações a longo prazo, pois talvez não consiga pagá-las quando o caixa estiver baixo.

6. NEGOCIAÇÕES E PROIBIÇÕES

Quanto aos comportamentos e costumes dos *tweens*, é bom os pais ficarem atentos. Eles querem acompanhar parentes e amigos de mais idade nos programas noturnos, "ficar" com garotas *tweens*, e vice-versa, ficar até tarde no computador e passar uma noite em claro. Mesmo que nada façam, é uma glória para eles.

O que se percebe é a falta de interesse em programas próprios para suas idades, como se eles já estivessem na adolescência. É como se o *tween* dissesse: "Se eu me vestir e me comportar como adolescente, sou adolescente". É nessa etapa que ele odeia ser chamado de criança, mas ainda não chegou à adolescência. Os pais não têm que pagar por essa inconformidade dele.

Mesmo que ainda não apresente grandes prejuízos – como não conseguir acordar para ir à escola, dormir em classe, prejudicar os estudos, não fazer as tarefas escolares, não conseguir sair dos joguinhos e/ou da internet para fazer as refeições em família etc. –, é bom ficar atento às pequenas mudanças.

> **Todas as grandes alterações comportamentais começam pequeninas até ficarem evidentes e prejudiciais. Corrigir o que já se modificou é muito mais difícil do que mudar o rumo do que está se alterando.**

Nem sempre as correções significam negociações, pois um *tween* pode inventar a novidade de acampar num fim de semana com seus amigos na praia. Uma criança, mesmo *tween*, não pode viajar sozinha, portanto, os pais não devem permitir que o faça.

Diante da proibição, o *tween* quer negociar seu fim de semana na praia. Ou isso ou ir à noite a uma balada com amigos. Nada feito. Não há o que negociar. É uma proibição sobre uma invenção, não sobre algo já combinado.

Isso me remete à situação de um "espertinho" que chega ao pai e lhe pede mil reais emprestados. O pai diz que não tem esse dinheiro e o filho diz: "Está bom, pai. Fica me devendo". Dias depois o filho vem cobrar a dívida de mil reais do pai. Mas quem determinou que o pai ficou devendo por não ter o que emprestar? Os "espertinhos" são rápidos e deixam a ética de lado.

O principal motivo dessas proibições deve-se ao fato de que o cérebro do *tween* ainda é o de uma criança, ou seja, de alguém infantil, portanto, sem condições biológicas, psicológicas e sociais para arcar com a responsabilidade do que lhe acontecer, mesmo que os pais e o próprio *tween* queiram.

Há dez anos, o jovem começava a fumar maconha com 15 anos de idade. Há cinco anos, com 12 anos, e, atualmente, com 10. As pessoas que se iniciam na maconha com essa idade são as que saem sozinhas, ficam mais tempo fora de casa sem dar notícias, participam de "luaus" em praias etc.

Os *tweens* e os púberes que têm adultos por perto conservam-se mais tempo longe das drogas. Um dos métodos eficazes para proteger crianças é mantê-las ao lado de adultos responsáveis. Se não ficam sozinhas em casa, não devem sair sozinhas.

7. AMOR QUE EXIGE E NEGOCIAÇÕES ENTRE PAIS E FILHO ADOLESCENTE

É NA ADOLESCÊNCIA que a negociação ganha uma força especial por causa da **autonomia comportamental.** Da dependência infantil nasce o adolescente para uma vida nova cujo referencial passa a ser ele próprio.

É a manifestação saudável da individualização, uma espécie de separação mental e física dos pais. Agora, o adolescente está atrás da sua identidade social.

Como a maioria dos seus desejos agora está mais voltada para o seu próprio eu, ele precisa aprender a negociar suas vontades com as da família.

O confronto maior, sem dúvida, é com os pais, pois os irmãos terão de se adaptar ao "novo irmão", surgindo novos campos de negociações.

Quando surge um impasse, a presença de um negociador auxiliar é importante, principalmente para acalmar os ânimos, para que eles possam encontrar soluções negociadas, éticas e progressivas, pois situações muito simples podem acabar até em brigas físicas.

Os pais não podem negociar o amor dadivoso, pois ele não depende de quem o recebe, mas de quem o sente e dá. Porém, não é porque existe o amor dadivoso que a negociação pode ficar de lado. Ele se torna inadequado quando é preciso ensinar, e não simplesmente dar. Mais inadequado fica quando o filho não faz o que já aprendeu.

É preciso que o adolescente produza também em casa, com os seus pais, o que ele tem que produzir na sociedade, com amigos, professores, outros estranhos.

É um **amor exigente**, que cobra agradecimento e correspondência do que o adolescente recebe dos pais, mais comprometimento e responsabilidade com o que fala e faz.

Com o adolescente combinam-se os resultados e as consequências. Quem falhar com o combinado, pais ou adolescente, que arque com as consequências já contratadas. Faz parte do amadurecimento o princípio da coerência, constância e consequência.

Um adolescente tirano em casa e solícito fora de casa é um mau negociador, resultado de uma má educação. Os pais, ele os submete; diante dos amigos, ele se submete.

Os pais não deveriam aceitar a **tirania juvenil**, pois ninguém pode ser tirano na sociedade. Isso é um princípio educativo fundamental.

8. NEGOCIAÇÃO DOENTIA, ASSÉDIO MORAL FAMILIAR

O ASSÉDIO OCORRE dentro da família no campo moral (**assédio moral familiar**), sendo o assediador, na maioria das vezes, o adolescente que tem como assediados os próprios pais. Pode ocorrer o inverso.

⋮

Tárcio é um rapaz de 19 anos que ganhou um carro há um ano, quando entrou na faculdade. Bom aluno, querido pelos avós e tios, é cortês, mas calado.

Seus pais já não sabem o que fazer com ele porque, dentro de casa, se transforma em tirano, impõe todas as suas vontades, não aceita ser contrariado, grita com eles, ofende e agride por motivos irrelevantes, faz seu prato e vai comer no quarto, não cumprimenta e passa direto pelos pais, como se eles não existissem. Tárcio sempre diz que vai acabar com eles e ficar com tudo, pois não aguenta mais a presença deles e diz que eles deviam se suicidar.

Para os avós, reclama que os pais o maltratam, que os pais o rejeitam e que qualquer dia ainda foge de casa.

Segundo os pais, tudo começou quando ele entrou na faculdade e ganhou um carro. Mas a mãe já percebia as mudanças quando ele entrou para o colegial. Ficou arrogante, respondão, e passou a dizer que seus pais "estavam por fora e o que eles diziam não tinha nada a ver".

Filho único, Tárcio sempre teve tudo o que quis e ainda ganhava dos avós sem nada pedir. Nunca trouxe um amigo para casa e também nunca disse aonde ia.

Os pais já tentaram cortar a mesada, mas ele não é de gastar, e o pouco que precisa seus avós lhe dão. Cortar saídas não o atinge, pois quase não sai nem do quarto. Não existe possibilidade de conversar. Não diz o que precisa e o que diz é que quer que seus pais morram.

Os pais, apesar de serem pais, sentem-se mais fracos que o filho, que se sente forte justamente pela impotência deles. Eles não contam a ninguém, com receio de expor o filho, e de vergonha pelo que estão passando. Para os pais, mesmo com tudo isso, o filho está acima de tudo e de todos.

$$\vdots$$

Tárcio estava em plena onipotência juvenil. Com sua entrada na faculdade, sua onipotência se confirmou, porque superou uma grande barreira, que é o vestibular. Todo onipotente piora quando tem um carro, porque seu poder social aumenta.

Os pais de Tárcio sempre viveram em função do filho e sempre prevaleceu o amor dadivoso sobre o amor que ensina. Nem sequer pensaram no amor que exige.

Para Tárcio, seus pais eram os obstáculos a sua realização pessoal. A única exigência dos pais era que o filho fosse bem na escola. Ir bem na escola, nunca repetir, nunca ter levado um bilhete de advertência para casa não eram motivos suficientes para Tárcio sentir-se com autonomia comportamental. Para ele, esses pedidos representavam que ainda era uma criança que devia agradar aos pais, e não um adolescente com vontade própria.

Os pais sentem-se mais fracos que o filho, que se sente forte justamente pela impotência deles. Eles não se abrem com ninguém, com receio de expor o filho, e de vergonha da situação. O filho está acima de tudo e de todos.

Uma terapia talvez pudesse ajudar se ainda estivesse na etapa da tirania. Mas, quando chega a ser assédio moral familiar, além da terapia, muito necessária, é preciso uma estratégia particular de enfrentamento.

Em todo tipo de assédio, o assediador se aproveita do silêncio da vítima. Dessa maneira, o assediador se sente protegido e estimulado a continuar o assédio, já que a vítima, além de não conseguir reagir, não conta a ninguém.

É por isso que uma das defesas da vítima de maior eficiência é começar a falar, com as pessoas relacionadas à família, tudo o que ele quer, e não a verdade.

No jogo aberto, geralmente o assediador se recolhe, mostrando como ele se torna grande para quem se encolhe, e não enfrenta quem o enfrenta. Fica assim evidente a sua covardia e falta de ética.

Enquanto os ânimos estiverem fervendo em casa, é bom que o assediador durma na casa dos avós. Os avós também têm que falar com ele sobre o assédio.

O assediador geralmente nada fala do seu assédio. Mas, se fala, é para fazer os outros entender que a vítima é ele.

9. NEGOCIAÇÃO INTERROMPIDA

ORIENTEI OS PAIS no sentido de que eles deviam "abrir o jogo do Tárcio" para os avós dele. Eles relutaram muito antes de fazê-lo, pelo simples motivo de não querer expor o filho à "língua alheia". Em nome de protegê-lo, tudo era suportado pelos pais. Os pais, mesmo sendo violentados pelo filho, ainda queriam protegê-lo. Como negociar com um filho que em nada se preocupa com eles e, pelo contrário, agride-os como se fossem inimigos mortais?

Ficou claro para todos qual é a negociação existente naquele jogo. Tárcio podia fazer tudo contra os pais porque sabia que eles não iriam reagir. Ou seja, a negociação do "só ele ganha e os pais perdem".

Por que os pais estavam aguentando? Porque havia uma recompensa não saudável: a preservação da imagem do filho perante os outros. Os pais acreditavam que não reagindo estavam protegendo a reputação do filho.

Abrindo o "jogo do Tárcio" para os seus avós, os pais estariam quebrando alguns importantes mecanismos de manutenção do assédio:

- o uso do silêncio da vítima para continuar o assédio;
- os pais mostrarem um filho melhor do que ele está sendo;
- a responsabilidade por tudo o que filho faz;
- a existência inadequada do amor dadivoso dos pais;
- a impunidade do assediador;

Quando o assediador se sente ameaçado de perder o controle da situação, ele pode piorar um pouco, mas só para assustar mais ainda, na tentativa de submeter os pais outra vez.

Mas, se o assediador descobre que seu jogo já não vai surtir efeito e, portanto, vai ter que interrompê-lo, ele mostra toda a sua fragilidade, que estava escondida sob essa arrogância, prepotência e onipotência de assediador. Está na hora de começar uma psicoterapia para recuperar os estragos que ele próprio provocou na sua personalidade.

10. NEGOCIAÇÃO ENTRE PAIS E GERAÇÃO CARONA

Finalmente o filho conclui o terceiro grau. Já tem diploma universitário. Mas tem emprego?

A grande maioria continua estudando a fim de ter competência para lutar e agarrar qualquer oportunidade de trabalho.

Enquanto não consegue trabalho, onde fica esse adulto jovem?

É mais uma etapa pela qual muitos estão passando. Eles compõem a **geração carona**.

A geração carona está sentada sobre as suas malas prontas na estrada da vida à espera da oportunidade de trabalho que a leve para a independência financeira. Enquanto espera, vive de carona na casa dos pais. O carona especifica a transitoriedade dessa situação.

Existem vários tipos de caronistas: folgado, explorador, sufocado e adequado. Conforme o tipo será a negociação. Veja mais detalhes no capítulo 6 da parte 3: *O terceiro parto*.

A maioria dos caronistas pouco muda no seu modo de ser e permanece com o seu perfil juvenil. Mas há caronistas que amadurecem e tornam-se mais adequados à situação, o que favorece inclusive a sua colocação no mercado de trabalho.

11. AMOR MADURO ENTRE PAIS E FILHO ADULTO

É QUANDO O FILHO atinge a autonomia comportamental e a independência financeira. Os pais e o filho mantêm uma excelente convivência porque se amam. Um atende o outro numa negociação na qual não se medem débitos nem créditos, porque é uma troca, a prática da felicidade. Um está interessado, mesmo que custe um pouco de esforço, na felicidade do outro.

Ambos formam uma unidade funcional sem perder a individualidade.

O **amor maduro** entre pais e filhos é uma dedicação mútua em que o companheirismo adulto os torna parceiros compartilhantes na vida; e a felicidade está na união e no servir e ser servido, num forte vínculo afetivo entre eles.

12. AMOR DE RETRIBUIÇÃO ENTRE PAIS SENIS E FILHO ADULTO

Há PESSOAS que envelhecem mantendo uma lucidez invejável. Mas nem todos têm esse destino e, quanto mais acometidos pela senilidade, menos capazes se tornam, passando a depender cada vez mais de outras pessoas.

Se eles tiveram filhos, os filhos é que se encarregarão de cuidar deles. Quanto mais afetados, menos os pais senis conseguirão comunicar suas necessidades, voltando a funcionar cada vez mais como bebês.

Se os pais foram bons egos auxiliares, e negociaram bem as etapas dos amores dadivosos, dos ensinamentos, das exigências e das trocas com o seu filho, agora esse filho estará em condições de retribuir tudo o que recebeu, no momento em que mais eles precisam.

É o **amor de retribuição**, de gratidão aos pais, sem considerar os esforços ou custos nem nada exigir de volta, porque, sem dúvida, merecem esses cuidados e muito amor.

CAPÍTULO 4

Pais que não têm tempo

O tempo é único
e não pode ser repetido;
disponível e generoso, mas cruel,
apressado e vagaroso, mas incontrolável,
previsível e inexorável, mas não acumulável,
leve, mas profundo aos abraçados,
moroso e agoniado aos amantes distantes,
pesado e lento aos deprimidos,
inexistente aos internautas,
preciosíssimo aos velocistas...

Há pais com tempo ocioso,
mas sem "tempo para os filhos",
e pais "sem tempo para nada"
Conseguem "tempo para o amor"
Cada um faz o seu tempo!

IÇAMI TIBA

◉

1. PAI SEM TEMPO PARA BRINCAR

ATUALMENTE, pais e mães trabalham muito e acabam ficando a maior parte do tempo fora de casa. Não encontrando outra saída, sacrificam um tempo que gostariam de passar com os filhos.

O pai lamenta esse tempo curto, sabe que tem a obrigação de trabalhar, e que esse trabalho é por uma boa causa.

Esse entendimento tem como forte ingrediente a biologia masculina. O cérebro masculino resolve um problema de cada vez. Não fica pensando em dois problemas ao mesmo tempo.

> **Segundo a lei da seleção natural, de Darwin, o homem (sexo masculino) aperfeiçoou tão bem as características de caçador que, mesmo hoje, quando trabalha em casa ou no escritório, muito longe das jurássicas feras, parece que ainda está caçando.**

Somos todos descendentes dos homens fortes, espertos, astutos, inteligentes e adaptáveis que venciam aquelas feras.

O tempo desses ancestrais era gasto muito mais para caçar e outras manifestações machistas do que para cuidar das criancinhas. Não lembra um pouco os homens que vivem para o trabalho?

Hoje o homem é responsável por trazer dinheiro para casa. Mas não o faz sozinho, pois a sua companheira também vai à caça. Às vezes, a caça que a mulher traz é até maior que a dele. Mas, ainda assim, ele tem os resquícios machistas dentro de si.

Começou timidamente o movimento do pai de assistir ao parto do filho, de querer cuidar do filho pequeno, de sair com os braços nos ombros do filho adolescente, de receber o braço do adulto jovem nos seus ombros... Hoje o pai reivindica o seu direito de continuar pai mesmo depois de separado da mãe. Os juízes estão concedendo em número cada vez maior a guarda compartilhada dos filhos.

> **Os filhos não são propriedade dos pais. Eles continuam filhos e os vínculos pai-filhos e mãe-filhos teriam que permanecer, pois filhos são para sempre, mesmo que os pais deixem de ser cônjuges.**

Felizes são o pai e os filhos que podem fazer parceria nos negócios e nos esportes, vivendo o dia a dia numa harmoniosa relação horizontal, em que o prover não significa poder sobre o filho, nem o depender significa ser inferior.

2. MÃE SEM DIREITO DE SER MULHER

A MÃE sempre soube quem eram seus filhos. O pai, nem sempre: esse conhecimento só foi adquirido há 12 mil anos, quando as pessoas se fixaram mais à terra e começaram a agricultura.

A maternidade biológica praticamente não mudou nesses milênios todos. O papel da mãe evoluiu bastante, mas ainda traz muitos sofrimentos, mesmo que compensados ocasionalmente por muitas alegrias.

A espécie humana não nasce pronta como as tartarugas. Os humanos levam muito tempo para amadurecer e sair pelo mundo sem depender dos pais. Se as mães não tivessem protegido seus filhos, mesmo pondo em risco a própria vida, talvez eu não estivesse escrevendo aqui nem você estaria lendo, pois a nossa espécie teria acabado.

É praticamente impossível controlar as crianças o tempo todo. A mãe passou a usar a conversa para controlar seus filhos. "Onde você está?", "Com quem?", "O que você está fazendo?", "Já comeu?", "Já fez as lições?" são perguntas que os filhos estão esgotados de saber que suas mães sempre fazem, seja onde e como for, em casa ou na rua, pessoal ou virtualmente. Enquanto conversa com um, cuida de outro, ainda prepara um bolo ou responde a um e-mail. Poderia ainda atender um telefonema.

A mãe, com tantas atividades simultâneas, historicamente foi e ainda é uma polivalente contumaz. É um sofisticado estilo de onipotência e onipresença que a sacrifica. Mesmo trabalhando fora de casa, ela ainda se sente culpada por não estar com os filhos.

Um filho é sempre diferente do outro. A um filho pode faltar o que ao outro sobra, desde agressividade, autoestima, disciplina, amigos, desempenho escolar, até religiosidade.

Um mesmo filho pode estar mais ou menos vulnerável, conforme a etapa de desenvolvimento pela qual esteja passando.

Seja qual for o motivo da ausência, a mãe geralmente sente a mesma culpa de não estar com os filhos. É uma **culpa jurássica de mãe**, que praticamente independe dos filhos. A mãe crê que está falhando na educação dos filhos por não estar presente.

Se a adolescência é um segundo parto, um nascer para o social em busca de autonomia comportamental, é até bom que a mãe se ocupe com alguma atividade, para não querer ficar laçando o seu adolescente com o cordão umbilical.

Ambos, pai e mãe, têm que encontrar um caminho novo para o relacionamento pais/filhos, já que o tempo ficou muito curto para tantas atividades.

Os próprios jovens não têm tempo para ficar com os pais. É até compreensível que eles prefiram os amigos, pois os filhos têm que formar sua própria rede de relacionamentos.

Se a presença física está difícil, além dos bilhetes e telefonemas, é bom aproveitar a tecnologia dominada pelos jovens de mandar torpedos, usar e-mails, MSN etc. Marcar presença nem sempre tem que ser demorado, muito conversado e bem elaborado. O pai e a mãe têm mais é que acompanhar os filhos, torcer por eles, ajudá-los quando precisarem de socorro (desde que peçam, é claro), querer saber dos resultados, não somente por cobrança, mas também pelo interesse afetivo de querer compartilhar os momentos que podem estar sendo decisivos na vida dos filhos.

3. MÃE TRABALHANDO ATENDE A TELEFONEMA DO FILHO

QUALQUER HOMEM ficaria espantado se percebesse como funciona o cérebro de uma mulher (mãe) no trabalho.

Organiza o seu espaço, decora-o com flores e fotografias dos filhos, mesa e/ou locais de trabalho limpos, *nécessaire* de maquiagem na gaveta etc. Enquanto se concentra na sua atividade, está atenta aos movimentos das pessoas à sua volta, talvez nem prestando "aquela" atenção às conversas colaterais, mas, sem dúvida, capaz de repetir tudo o que a colega falou, ainda preocupada com o andamento da casa e as atividades dos filhos. É uma mulher-polvo com todos os tentáculos em ação simultânea.

Muitas mães já viveram a situação a seguir ou situações semelhantes:

> *De repente, toca o celular. A mãe já pressente que é o filho. Ela atende. Já sabe que ele vai se queixar de alguma coisa, pedir outra etc. Lá vem mais um problema para ela resolver.*
>
> *— O quê? Vocês brigaram? — pergunta a mãe ao ouvir a queixa do filho caçula. Em seguida dá uma ordem:*
>
> *— "Põe ele" no telefone! — e dá uma bronca e um castigo ao filho mais velho. Depois de terminado o telefonema, comenta com a amiga, que nem se detém para ouvi-la:*
>
> *— Se não fosse eu, não sei o que seria dessa família — diz, em tom de quem desabafa, mas no fundo com aquela satisfação íntima de ter resolvido um problema dos filhos.*

⋮

Se os filhos não telefonassem tanto para ela, talvez resolvessem sozinhos os seus problemas. Parece que tudo é como essa mãe comenta, mas vamos considerar alguns pontos:

❋ Houve de fato a agressão? Ou é uma invenção do caçula?

- ❂ Quem falou que o mais velho vai cumprir o castigo?
- ❂ Será que o caçula agora vai apanhar de verdade? Quem mandou ele ligar para a mãe?

A mãe "conhece" cada filho que tem. Um pode necessitar de um controle maior, outro de um lembrete do que precisa ser feito, um terceiro pode muito bem resolver tudo sozinho. São tentativas de ajuda que podem vir como telefonemas, bilhetes colocados em pontos estratégicos previamente combinados etc. O que mais funciona nesses tipos de ajuda-controle é a verificação, no final do dia, do que foi feito.

Caso um filho não tenha feito a sua tarefa, deve-se exigir que ele arque com as consequências já previamente combinadas. O que é combinado é barato e tem que ser cumprido. Perder privilégios é algo que faz com que o filho pense duas vezes antes de deixar de fazer a sua obrigação.

Devo lembrar que a vida é dura principalmente para quem é mole. Se a mãe tolerar tudo, o filho vai construir seu futuro sem fibra, frágil, com "parafusos de geleia" e na esperança de que outras pessoas também sejam tolerantes como sua mãe. Na vida, ninguém é mãe de ninguém, muito menos um chefe numa multinacional...

4. PAI TRABALHANDO ATENDE A TELEFONEMA DO FILHO

A partir da Era Industrial, o pai começou a trabalhar fora de casa de maneira regular, com hora para sair e voltar.

Durante o período fora de casa, o pai estava trabalhando e não podia ser incomodado, já que os filhos eram cuidados pela mãe. Mesmo que ficassem em casa, eram poucos os pais que cuidavam dos filhos.

> **O mundo mudou bastante, mas a mente do pai nem tanto. Há pais que ainda continuam com a mesma ideia de que os filhos somente os atrapalham no seu trabalho, como nas jurássicas caçadas. Mas muitos pais já abrem suas portas e dão acesso aos filhos.**

Outros pais acompanharam a evolução social, facilitados pelas suas mulheres que trabalham fora, e começaram a dividir com elas a tarefa de cuidar dos filhos.

Ele só vê o que está na sua frente, como se, ao olhar através de um tubo, focalizasse apenas seu relatório, isolando-se totalmente do barulho e bagunça à sua volta. Assim, sua mesa ou local de trabalho pode estar uma bagunça e ele não ter fotografias dos filhos nem flores...

Atender a um telefonema pode lhe custar uma perda de concentração. Não é raro pais passarem por esta situação:

O pai, concentrado no trabalho, de repente é surpreendido pelo toque do telefone. Enquanto estende a mão vai pensando: "Quem será?", "Quem ficou de me telefonar neste horário?", e se surpreende quando identifica seu filho caçula choramingando ao dizer que o irmão mais velho bateu nele.

— O quê? Ele bateu em você? O que você fez para ele?

— Não fiz nada. Só porque mexi na televisão que ele nem estava assistindo...

— Escuta! Para de chorar enquanto fala comigo! Por acaso, alguém morreu? — pergunta o pai, já irritado por ter sido interrompido no trabalho por uma briga entre os filhos. Isso é demais...

— Ainda não – responde o caçula, constrangido.

— Então, liga para a sua mãe! — ordena, e assim encerra o assunto, para continuar concentrado no trabalho que estava fazendo. Chegando em casa, nem vai se lembrar de contar à esposa esse episódio.

O pai funciona de modo muito diferente da mãe, porque resolve um assunto de cada vez. Primeiro quer saber de tudo, principalmente quem começou a briga.

Acompanhando o raciocínio da pergunta "alguém morreu?", conclui-se que o homem vai direto ao ponto. Isto é, quem apanha é o que liga. Se este morre, não há quem ligue. Também se pode entender que o pai só pode ser incomodado em caso de morte.

Se não houve morte, o caso é leve, a mãe resolve...

Tão simples como lidar somente com um tentáculo, como se fosse uma cobra.

O pai atual não se sente bem esquivando-se dos chamados dos filhos. Já que não tem como resolver naquela hora, o pai poderia dizer para pararem com a briga e, quando voltasse para casa, poderiam todos resolver civilizadamente essa pendência.

Dessa maneira, os filhos exercitariam alguns dos mais importantes aprendizados da vida: em vez de quererem tudo na hora, aprenderiam a controlar o imediatismo, a saber esperar, a ser tolerantes e a viver em ocasionais condições adversas.

5. TEMPO VIRTUAL

PAIS E FILHOS adolescentes têm que encontrar meios de comunicação mais eficientes, atuais e prazerosos.

Como os adolescentes se comunicam entre si quando não se encontram pessoalmente? Se você pensou nos encontros ou conversas virtuais, acertou!

> **Um adolescente pode passar bastante tempo fechado, até mesmo trancado no seu quarto, mas raramente está sozinho. Está a conversar com "amigos" conhecidos e desconhecidos pelas esquinas virtuais da internet, via MSN, Orkut, Facebook etc.**

Todo adolescente sente prazer ao receber um "torpedo", como se fosse o antigo telegrama, no seu celular. São mensagens curtas que chegam à telinha do celular e que podem ser lidas a qualquer momento. O celular avisa quando uma mensagem chega.

Outro meio, um pouco mais sofisticado, mas que também funciona muito bem, é o e-mail, o **correio eletrônico**. Pode ter o mesmo uso do torpedo, só que é feito pelo computador, usando a internet. Pode ser bem mais longa a mensagem, como uma carta com fotos e gráficos. Esse sistema já é utilizado com muita frequência e eficiência até por empresas multinacionais que trabalham globalizadas, em tempo real.

O que é interessante no correio eletrônico é que se pode passar com um toque um e-mail para todo o grupo familiar, isto é, todos os familiares recebem no seu computador, estejam onde estiverem, em qualquer canto deste planeta, uma mesma mensagem, na mesma hora.

Assim, as famílias podem tirar vantagens comunicacionais dos avanços tecnológicos para melhorar a convivência entre si e estar mais informadas, acompanhando de perto o que acontece na vida e nos sonhos de cada um dos seus membros.

6. FILHO ACOMPANHANDO UM DIA DE TRABALHO DO PAI E/OU DA MÃE

A GRANDE MÁGOA DO FILHO é que o pai toca a empresa da família paterna como se fosse um "burro de carga" durante a semana e "desmaia" no fim de semana. Os irmãos do pai também trabalham na empresa, mas parece que vivem passeando pelo mundo, e é só o pai que trabalha. Ele vive estressado, sem tempo para a própria família, nem sabe o que está acontecendo com seu filho. Se o filho tenta puxar uma conversa, ele diz que está cansado e quer que o filho "vá direto ao assunto, falando logo o que quer". O filho, mesmo sabendo ser tão querido por ele, está se afastando cada vez mais do pai e se aproximando mais dos amigos da rua.

⋮

O que esse e tantos outros pais que vivem essa situação podem fazer para melhorar a qualidade de vida da família e reconquistar o filho?

Está claro que o pai se escravizou a um sistema porque não vê outra saída. O que não pode é ele se conformar com essa situação e sacrificar a família. Mesmo que ele a suporte, o que pode acontecer com sua família?

Atendi muitos pais nessas condições, os quais nem para sua própria saúde (médica, psíquica e social) tinham tempo. O pai tem consciência de que a família está se afogando, inclusive ele próprio. Mas não tem tempo para fazer psicoterapia, nem dinheiro, nem disposição, nem crença, nem nada... Se ele não conseguir parar nem por doença, um dia será parado pela própria doença.

Pai pode não aceitar psicoterapia, mas ouve muito um consultor de empresas. Criei então a consultoria familiar. Com diagnóstico do conflito atual, buscam-se soluções viáveis e caminhos mais saudáveis para o bem-estar de todos.

Por ser uma proposta de trabalho diferente de psicoterapia familiar, com método próprio, objetivos claros a ser atingidos (soluções práticas) e tempo de duração (quatro entrevistas) muito bem definido, a consultoria familiar é muito bem aceita pelo pai e sua família.

Após muitos atendimentos, uma conclusão viável, de rápido alcance e que trouxesse benefícios gerais a toda a família, foi a de o filho acompanhar um dia comum de trabalho do pai.

Como se fosse um assistente pessoal para assuntos aleatórios, o filho acompanha o pai aonde puder, inclusive tomando o cafezinho ou almoçando com os colegas de trabalho.

Atividades de rua, reuniões e conversas com funcionários/ empresários, almoços de negócios etc. são excelentes para o filho acompanhar o pai. É superimportante que o pai ouça, como num *pit stop*, o que o filho observou que sugestões ele teria para dar etc. É uma maneira de exercitar no filho a capacidade de observação e comunicação do observado e elaborado após um acontecimento. É um ensinar a pensar dentro da prática.

Após essa vivência juntos, ambos têm "âncoras" para conversar, mesmo que seja sobre o trabalho do pai. O pai pode se referir aos episódios interessantes e/ou hilários acontecidos com os personagens que o filho já conhece. O filho, quando se lembrar do pai, já tem elementos para imaginar o que ele estaria fazendo naquela hora. Esse dia serve de alimento e base para muitas conversas que vão aproximar os familiares entre si. É o vínculo afetivo que se concretiza pelas conversas.

7. *PIT STOP* E SUA COMPETÊNCIA

Algumas corridas de Fórmula 1 são vencidas não somente pelos pilotos, mas nos seus *pit stops*. Na vida de um filho, os competentes atendimentos nos seus *pit stops* fazem imensa diferença na sua autoestima, que praticamente determina se ele vai ser, ou não, um vencedor.

> **Pit stop é quando um filho pede algo para seus pais. Essa situação passa a ser educativa quando, no atendimento rápido ao filho, eles têm como objetivo ajudá-lo a se tornar mais independente, autossuficiente e competente para enfrentar a corrida da vida.**

Um pai (piloto), ou mãe, que entra correndo em casa (box) para almoçar em um tempo programado e cronometrado, tem que ter tudo preparado pelo pessoal do almoço (mecânicos). Está em franco período produtivo e não pode ficar esperando lavar a salada ou fazer o arroz... É sentar, almoçar e sair correndo... Cada minuto vale ouro.

O filho está brincando e faz um *pit stop* com seu pai ou mãe. É importante que ele(a) o atenda no tempo adequado, utilizando os recursos necessários, a fim de alcançar determinado objetivo, pois não é só o atender, mas sim o educar que importa.

O filho (piloto) não tem muito tempo, está apressado para ser atendido e sair correndo para brincar (pilotando), ir a uma balada ou encontrar os amigos. O atendimento educativo não tem idade e tem que ser muito competente. Portanto, pare, olhe nos olhos, escute, pense no melhor para a formação do filho e atenda.

No *pit stop* educativo, é importante a distinção entre o que o filho é capaz de fazer sozinho e aquilo em que ele precisa realmente de ajuda. E, se precisar, qual o tipo de ajuda que educa mais. O pedido pode variar desde pegar algo que ele não alcança até pedir o carro emprestado para sair com o amigo que tem carta de habilitação.

No amor que ensina, o filho tem que aprender com o *pit stop*. Um cuidado a tomar é se o filho pede, por comodidade, o que ele mesmo tem condições de fazer. Não é porque o filho pede que os pais são obrigados a atendê-lo. No *pit stop* educativo, os pais têm que estar mais atentos a esse item, pois é na ação que se confirma a educação.

O *pit stop* educativo é uma questão de hábito, assim como é o falar, o dirigir, o comer. Para pais que não têm tempo, esse atendimento, feito com eficiência, vai ser muito útil, pois filhos bem atendidos fazem cada vez menos *pit stops* e não ficam parando em qualquer lugar (box) para usar algum outro tipo de combustível.

> **Os pais, ao parar para atender a um *pit stop*, não estão perdendo tempo. Estão investindo clara e objetivamente no Projeto de Educação Quem Ama, Educa! É um tempo para preparar a terra e plantar a semente do futuro.**

Um filho que foi bem educado, isto é, que tem o tanque cheio de autoestima e competência, vai precisar de cada vez menos tempo dos pais para atender às próprias necessidades, e toda a família poderá usufruir de um convívio bom e saudável.

Para saber mais sobre *pit stop*, leia o item 8 do capítulo *Educação financeira*.

PARTE 3

ESTUDO E TRABALHO

ESTUDO E TRABALHO

A sociedade é um complexo sistema dinâmico,
conectado a outros,
no qual o ser humano é uma célula
que nasce de outras células
que precisa de outra célula,
para reproduzir muitas células…
que desaparecem para outras surgirem…
um milagre da vida!

Sozinha, não aprenderia tudo de que precisa,
portanto, estuda;
nem sobreviveria nessa diversidade imensa,
portanto, trabalha.

Estudo, alimento da alma.
Trabalho, dignidade do corpo.
Criatividade, inteligência em ação.
Ética, oxigênio do comportamento.
Saúde social, foco da integração relacional.

Içami Tiba

CAPÍTULO 1
Estudar é essencial

Neste mundo que caminha a passos de gigante,
não podemos andar com passos de criança.

1. TRANSFORMANDO INFORMAÇÕES EM CONHECIMENTOS

RESISTA BRAVAMENTE se o seu adolescente, com a intenção de justificar o desinteresse pelas matérias escolares, vier lhe contar qualquer história de pessoa que venceu na vida sem estudar.

Estudo não se negocia, ele é importante não só para a capacitação e a formação pessoal, mas também para o benefício e qualidade de vida da família e da sociedade.

Mais importante do que tirar notas altas é aprender. Tirar nota alta numa escola que incentiva o "decoreba" não tem muito significado para a vida futura. Informações eram válidas para ser acumuladas na Era da Informação. Hoje estamos na Era do Conhecimento, que é a informação em ação, em uso.

O cérebro memoriza informações que têm utilidade, forte carga emocional ou por meio de repetições. Todos os nossos cinco órgãos dos sentidos ficam bombardeando com informações o nosso cérebro a todo instante.

Seria impossível processarmos todas as informações que apreendemos. Num piscar de olhos, "percebemos o mundo" à nossa volta. O número de informações apreendidas é incomensurável, e é praticamente impossível listá-las todas.

2. APREENDEMOS PARA APRENDER

É DO QUE APREENDEMOS que aprendemos. O apreender é um processo natural para qualquer vivente. Não processamos mentalmente tudo o que apreendemos. Quando selecionamos uma informação e trabalhamos com ela é que usamos nossos processos mentais de aprendizado.

Estudar nada mais é que organizar esse aprendizado, focalizando o conteúdo, e não aprender solto, como os animais silvestres. Estudar é captar as informações concentradas, que representam todo o conhecimento que um autor levou muito tempo para adquirir. Aprendemos tudo isso em uma aula, em um livro...

O estudar é essencial, pois assim ganhamos tempo e usufruímos do conforto que os inventores/descobridores e seus adaptadores/construtores/comunicadores nos propiciaram. Estudar é um gesto de sabedoria que capta os conhecimentos de tantas pessoas que participaram direta ou indiretamente da construção da nossa civilização.

> **É um estudar para aprender, pois a pessoa que estiver sempre disposta a aprender é a que vai sobreviver a essas revoluções do conhecimento. Quem se achar sabedor de tudo e parar de aprender, amanhã será ultrapassado por quem continuou aprendendo.**

É por isso que temos que aprender sempre, fato hoje consagrado como Educação Continuada. Não existe graduação para esse estágio de aprendizado; melhor dizendo, é um aprender que nunca acaba.

Aprender é alimentar a alma de saber.

3. APRENDEMOS PARA CONHECER

Conhecimentos são ferramentas plásticas de multiuso, que podem ir sofrendo adaptações, adequações, modificações e transformações à medida que estas forem necessárias.

Informações são dados estáticos, hoje facilmente encontráveis em muitos lugares. Basta saber como acessá-las.

Um adolescente pode ter a informação de que maconha faz mal à saúde, mas continuar "canabisando". Ele pode encontrar essa informação em qualquer livro sobre drogas, na internet, ou até em salas de aula, mas ela pode não ser integrada à vida dele.

Quando usa essa informação para parar de fumar maconha, o adolescente a transforma em conhecimento.

Bom aluno é o adolescente que vai construindo dentro de si os conhecimentos com as informações que recebe dos professores em sala de aula, ou quando lê os livros pertinentes à matéria. Com um conhecimento a mais que os outros da sua turma, ele pode criar uma boa solução para um problema para o qual ninguém enxergava saída. Assim, ele está sendo criativo, e criatividade é uma das qualidades muito valorizadas, não só pela turma, mas por toda a sociedade.

Portanto, mais que ter as informações dentro de si, o importante é saber onde encontrá-las. A importância maior está em ampliar os conhecimentos, porque é com eles que nos tornamos mais competentes neste mundo tão competitivo.

4. DE ALUNO MEDÍOCRE A PRÊMIO NOBEL DE FÍSICA

Albert Einstein (1879-1955) destacava-se somente em matemática e física, mas sem sinais de genialidade na escola, onde era tido como aluno medíocre. Despertou para a matemática aos 12 anos, estudando álgebra e geometria com seu tio Jakob. Descobriu aos 26 anos a Lei do Efeito Fotoelétrico e ganhou o Prêmio Nobel de Física de 1921. Mais tarde, fez uma das descobertas mais importantes da física no início do século, a Teoria Geral da Relatividade, revolucionando a ciência.

> **Einstein gostava não do que "caía nas provas escolares", e sim de álgebra avançada, que foi aprender com seu tio Jacob. O que ele aprendeu e desenvolveu foi o que "caía nas provas da vida".**

"Ir bem nas provas" pode dar maiores oportunidades na vida que "ir mal", mas não garante o sucesso.

Para Einstein entender de álgebra e geometria, teve de saber antes a aritmética que aprendeu na escola. Pode ser que a escola ensine muitas matérias que uma pessoa jamais chegue a usar e o que mais interessa a ela, ensine pouco.

Teoricamente, o currículo pedagógico oferece uma base ampla sobre a qual pode ser construída qualquer profissão. As profissões e os campos do trabalho têm se modificado bastante. Algumas profissões acabaram, outras estão entrando em extinção, mas muitas estão surgindo, outras ainda se transformando.

Os estudos podem ajudar na formação e na maturação da personalidade por meio de aulas, leituras, pesquisas, palestras, trabalhos voltados para esse tema. Com sua personalidade bem formada e preparada, o adulto jovem poderá fazer as adaptações e adequações necessárias para enfrentar um novo trabalho ou uma profissão que acabou de surgir.

5. ESTUDAR É CONSTRUIR O CORPO DO CONHECIMENTO

ESTUDAR NÃO É "decoreba" para fazer "provas", a fim de passar de ano, mas adquirir informações, transformando-as em conhecimentos para enfrentar as provas da vida. Conhecimentos melhoram a competência, a criatividade, o empreendedorismo, a cidadania e a ética.

Os conhecimentos entram também na equação da competência, como recursos internos que podem dispensar recursos materiais, propiciando maior economia financeira.

Uma das características do amadurecimento de uma profissão é a criatividade. A criatividade vem da liberdade de brincar, rearranjar e desmontar os conhecimentos adquiridos, dando-lhes novas funções e significados. A cada mudança, os conhecimentos podem se reorganizar formando novos produtos.

Um adolescente pode achar que, ao comprar drogas, não está fazendo mal a ninguém. Isso porque ele não sabe que o dinheiro que pagou ao traficante vai para comprar armas e que estas serão usadas para matar seus concorrentes e assaltar famílias. Se soubesse disso, talvez não comprasse mais drogas. Um inocente usuário de drogas é um importante elo nas malhas do crime.

6. PAIS, APRENDIZES DOS FILHOS

Enquanto os pais se deliciam com DVDs ou lendo livros, os filhos já estão gravando 15 mil músicas em seus iPods ou lendo livros no *e-book*, que carrega centenas de obras em sua memória, em outro idioma, sem auxílio do tradutor Google.

Quando os pais se interessam pelos iPods, os filhos quase automaticamente querem lhes explicar como funcionam. Se os pais não entenderem, nunca devem fingir que entenderam, nem desanimar e voltar correndo aos DVDs. A postura progressiva é desbravar esse campo, mesmo que peçam aos filhos que expliquem outra vez.

Quando os pais começam a entender, a família ganha um novo e importantíssimo alimento para as conversas familiares. Abrem-se novos caminhos no cérebro, os quais transitam entre os neurônios, ativando as sinapses interneuronais. Os pais aprendem agora, "depois de velhos", o que os filhos sabem "faz tempo". Os pais rejuvenescem. Os filhos amadurecem.

Além de a energia boa, que une a família, fluir mais livre e rapidamente entre os familiares, os pais "ensinaram" os filhos a lhes ensinar o que sabem. Isso abre a cabeça dos filhos para aprender o que os pais também tanto querem lhes ensinar.

> **Se os pais e os professores são capazes de abrir sua própria cabeça e se colocar como aprendizes dos filhos e alunos, estes aprendem que sempre é tempo de saber algo novo. Que bela lição de vida essa que todos aprendem...**

Há alguns anos, a educação escolar tinha três graus: o Fundamental, o Médio e o Superior com suas pós-graduações. Hoje está em voga a Educação Continuada, cujo objetivo é manter-se aprendendo sempre. É clicar no teclado o botão "atualizar" que nos leva a reorganizar nossos conhecimentos com a integração de uma nova aquisição.

Quando aprendemos a clicar o "atualizar", não mais conseguimos nos achar suficientes, sabedores de tudo, se temos a ideia de que surgiu algo novo que pode nos levar a um mundo que nem sequer desconfiávamos que existisse.

7. ENTROSAMENTO ENTRE O "VELHO" E O "NOVO"

É IMPRESSIONANTE como o cérebro mais "envelhecido" funciona. Quando percebe alguma novidade, no lugar de pesquisá-la, ele tenta fazer o que sempre fez. É a comodidade neurológica na segurança do caminho conhecido. Ora, se as condições sociais, comunicacionais, informáticas, econômicas foram se transformando, seria natural que o cérebro também buscasse novos entrosamentos, e não simplesmente ficasse repetindo o passado. Está na hora de receber uma injeção de "sangue de aventura" do jovem e tentar soluções novas, aprender uma nova língua etc.

Nessa hora é que os pais vão ganhar o respeito e a ajuda dos filhos, que são ousados pela própria idade. Os onipotentes juvenis sempre acham que tudo vai dar certo. Os "velhos" sempre acham que tudo pode dar errado. Uma família fica mais unida quando consegue aproximar os extremos, e não quando um tenta impor seu extremo ao outro.

Na conjunção da sabedoria do "velho" com a ousadia do "onipotente jovem" é que a família pode encontrar as delícias e aventuras da vida.

Toda família progressiva olha para o futuro próximo pensando num trabalho para o filho. Para isso, tem que saber que predomina hoje no universo empresarial a visão de que um talento como a criatividade não pode mais ser confundido com genialidade ou dom inato. Ao contrário, talentos podem ser despertados e desenvolvidos.

Sem dúvida, a escola tem um papel importante no desenvolvimento dos talentos de crianças, adolescentes e jovens. Infelizmente, isso nem sempre é levado em conta. Um dos grandes problemas dos pais hoje é que os filhos, sobretudo adolescentes, não querem aprender na escola. Nem querem tanto os diplomas. Os jovens sentem na pele essa grande mudança. Se há dez anos a grande maioria dos diplomados já estava empregada, hoje essa mesma grande maioria está sem emprego.

Hoje, atingir a independência financeira está tão difícil para o jovem, que ouso falar num terceiro parto pelo qual o filho tem que passar para atingir a maturidade.

O filho, com diploma na mão, de malas prontas, fica de carona na casa dos pais, enquanto faz sua própria Educação Continuada, e aguarda/busca embarcar na primeira oportunidade de trabalho. Já se pode falar que existe uma Geração Carona. Falo dessa geração em vários outros capítulos.

Faz parte da vida dos "velhos" uma rede de relacionamentos com pessoas que estão na mesma situação deles. Hoje, a imensa maioria dos jovens consegue a primeira entrevista para o trabalho por meio de indicações dos "velhos".

8. NÃO SE APRENDE COM QUEM NÃO SE RESPEITA

É preciso ter consciência da necessidade de aprender. O aprendizado não faz mal a ninguém, pelo contrário, a sua falta é muito prejudicial. Quanto mais se sabe, mais se quer aprender.

SE UM ALUNO não respeita o conhecimento de um professor, tem menos chance de aprender do que aquele que respeita, reconhece que não sabe e quer aprender.

Na hora do aprendizado, o aprendiz está recebendo por bem os ensinamentos do mestre, que tem disponibilidade interna e disposição externa para ajudá-lo. Gratidão e respeito deveriam ser os sentimentos do aprendiz em relação ao mestre.

É impressionante como nas escolas esse respeito ao professor está diminuindo cada vez mais e, em muitas situações, os alunos se colocam como superiores aos seus professores. É a falta de educação que vem de casa. São filhos que não respeitam os pais, pois não foram educados para respeitá-los.

Os pais perdem a autoridade inerente a qualquer educador se:

- ⚜ temem traumatizar seus filhos pelas cobranças de suas obrigações;
- ⚜ são acomodados, pois educar dá muito trabalho;
- ⚜ são medrosos diante das reações irascíveis, impulsivas e inadequadas dos filhos;

- não estabelecem limites para eles nem lhes exigem respeito;
- delegam a educação formativa para a escola;
- são mal-educados e desrespeitosos com seus próprios funcionários;
- permitem que os filhos controlem a casa em detrimento de todos;
- desrespeitam seus empregados porque lhes pagam os salários etc.

Esses filhos levam para a escola o que aprenderam em casa. É dessa maneira que os alunos acabam desrespeitando os professores em classe, ignoram as regras da escola e terminam praticando a delinquência.

A escola é a segunda etapa da educação, focada no preparo do cidadão profissional.

Os pais, no lugar de reconhecer a importância da escola na educação dos filhos e reforçá-la, acabam sendo aliados dos filhos na delinquência.

Se o filho já transgride as regras da casa, não obedece às leis da escola, o que fará nos campos profissional e social?

Nenhuma casa do saber será honrada se não conseguir transmitir a seus alunos o respeito e a gratidão a seus professores. Estes valores deveriam vir de casa, praticados na escola para se transformar em benefício social.

CAPÍTULO 2
De olho no boletim

Os viajantes primitivos consultavam
as estrelas para se localizar à noite.

Os pilotos consultam
painéis de controle do avião para checar o voo.

Os médicos analisam
exames de laboratório para acompanhar o
tratamento dos seus pacientes.

Os pais têm o boletim escolar
para saber como estão os seus investimentos
nos estudos dos filhos.

Içami Tiba

◉

1. BOLETIM NÃO SE NEGLIGENCIA

É IMPORTANTE os pais estarem atentos às provas, conferirem os boletins da escola desde o início do ano e comentarem o resultado com o filho. O boletim é uma das referências de como eles estão se saindo nos estudos. Faz parte da vida cobrar o que se delega. O filho tem o poder de estudar. Os resultados podem ser melhores quando se cobra o boletim.

Nenhum profissional pode ser bom se não cumprir as suas obrigações e não souber atender bem aos seus clientes (patrões, sócios, parceiros, concorrentes etc.). Com obrigações e prazos não cumpridos, perdem-se empregos, contratos, concorrências etc.

Pais que não acompanham o boletim correm o risco de ser surpreendidos por reprovações. A repetência escolar geralmente reflete duas falências: a do próprio repetente e a dos seus pais, cujo investimento só deu prejuízo.

As possibilidades de passar de ano são muito maiores do que as de repetir. Para ser aprovado, basta que se produza um pouco mais que a metade do que lhe é solicitado.

Para não ser reprovado, ainda existem várias oportunidades, tais como as R.O. (Recuperações Obrigatórias), segunda época, dependência em duas matérias; algumas escolas têm ainda as RV (Recuperações de Verão), reclassificação escolar etc. Repetir significa fracassar em tudo isso.

O que magoa e revolta os pais é a reação do filho à sua repetência com uma grande indiferença. Até parece que não foi ele que repetiu de ano.

2. VIDA DE ESTUDANTE É MOLEZA! ... E A DO TRABALHADOR?

A VIDA REAL, longe de ser fácil, é muito dura. As escolas não estão conseguindo dar um preparo substancial aos alunos para que enfrentem essa fria realidade.

Os pais que já se sentaram com seus filhos adolescentes, que fizeram a conta de quantos dias letivos realmente eles frequentaram em um ano, se surpreenderam com esta marca: aproximadamente 200 dias. Um aluno médio pode ficar em casa quase 45% dos 365 dias do ano.

Conclusão: existe algum profissional empregado que trabalhe meio período e 200 dias por ano e receba como se tivesse trabalhado por um ano inteiro? Tudo se complica quando lembramos que, no Brasil, um trabalhador leva de três a quatro meses trabalhando somente para pagar os impostos ao governo.

Infelizmente, o boletim, apesar de ser muito precário, ainda é um dos únicos meios da avaliação para acompanhar o desempenho do estudante. Portanto, não importam quais sejam as conversas, explicações ou desculpas dos filhos, nada deve justificar uma nota baixa e muito menos uma repetência escolar.

> **O profissional não tem chances de recuperações, segundas épocas, dependências. Ele é simplesmente eliminado para dar lugar a um concorrente seu. Ninguém está preocupado com sua autoestima nem quer saber como estará no novo emprego...**

Já que a escola não está conseguindo melhores resultados, que cada família descubra quais os métodos que podem ser usados para forjar a personalidade do filho, a fim de transformá-lo num cidadão competente.

3. "DEIXA TUDO PARA A ÚLTIMA HORA"

SE O FILHO ESTUDA só na última hora, isto é, na véspera da prova, significa que pouco ou nada estudou durante o mês, como se trabalhasse somente no dia do pagamento.

O cérebro não tem condições de transformar em conhecimentos muitas informações de uma só vez. Ele tem que absorver as informações e incluí-las no corpo do conhecimento por meio do seu uso. Como na véspera da prova o tempo não é suficiente para desmontar tantas informações, elas ficam encostadas no organismo por pouco tempo, até ser devolvidas como entraram ou perecer por falta de uso. É o mecanismo de ação do "decoreba", que é o estudo de última hora, na véspera da prova.

É como se o tempo de validade do "decoreba" fosse até a hora da prova, quando ele deve ser gasto. Se passar dessa hora, "vence" a validade e o estudante não mais se lembra do que decorou.

"Última-horistas" são pessoas que deixam tudo para a última hora: sair de casa, contas a pagar; entregas a fazer, estudar para a prova etc. Começam o dia de hoje arrumando a bagunça que deixaram ontem...

Essas pessoas fazem uma péssima administração do seu tempo.

4. DELEGAR E COBRAR

Ao PASSAR uma lição de casa, o professor deveria cobrá-la já no dia seguinte. Senão, o adolescente também não a fará. O adolescente precisa de um bom retorno se fizer a lição, e de um ruim, caso não a faça. Uma resposta única, faça ou não a lição de casa, não ressalta a diferença que existe entre fazê-la ou não. Portanto, é muito importante que pais e professores cobrem o que delegaram e apliquem devidamente as diferentes consequências já previamente combinadas.

O adolescente precisa ter um cobrador externo para que construa um cobrador interno. Depois, mesmo na ausência do cobrador externo, ele fará o que deve fazer por cobrança do cobrador interno. Uma das grandes falhas da educação atual é não conseguir estabelecer dentro dos jovens um cobrador interno.

Muitos adolescentes não gostam das aulas porque simplesmente não entendem nada do que o professor está falando. Isso porque o fato de os alunos já estarem sentados em sua carteira não significa que sua mente esteja pronta para receber a aula.

Se o professor perguntasse aos alunos: "Quem se lembra da última aula?", os alunos reagiriam: "Aula? Que aula?", "Quando?". Para azar e raiva de alguns, sempre há um aluno que lembra. É o aluno que presta atenção, independentemente de quem seja o professor. Se um aluno disser uma palavra-chave ou uma ideia, poderia ganhar um ponto.

Em torno dessa palavra básica, rapidamente as mentes se organizam e logo outros alunos começam a se lembrar. Com cinco palavras, ou ideias, lembradas e cinco pontos distribuídos a cinco diferentes alunos, todos estão praticamente aquecidos para receber a aula daquele dia. É uma forma de o professor "cobrar" o que ensinou na aula anterior.

Os pais delegaram aos seus filhos o poder de estudar. Está claro que têm que cobrar o boletim.

CAPÍTULO 3

Educação financeira

O ser humano precisa de dinheiro para viver.
Conseguir dinheiro é uma questão de sobrevivência.
Ter mais dinheiro que o necessário é uma
questão de competência.
Fazer dinheiro fazer mais dinheiro
é uma questão de aprendizado.
Mas…
Ninguém é feliz por ser milionário.
Mas uma pessoa feliz pode ser um milionário.
Infeliz é a pessoa que sofre pelo que não tem.
Feliz é a pessoa que usufrui de tudo o que tem.

IÇAMI TIBA

1. NOVOS PARADIGMAS FINANCEIROS

DEDICO ATENÇÃO ESPECIAL à educação financeira, pois acredito que o mundo seria melhor se as pessoas fossem mais bem preparadas também financeiramente.

Os pobres conhecem as agruras e os milagres da sobrevivência. Os médios vivem num oscilante sobe e desce. Os ricos e milionários vivem sob o risco de perder o que conseguiram.

Assim, "dinheiro não aguenta desaforo", isto é, se não for "bem tratado", ele se esvai. O caminho natural do dinheiro é ir para as mãos de quem sabe lidar com ele. O dinheiro vaza facilmente do bolso, mas ninguém o coloca, de graça, de volta na carteira de alguém...

Na família ancestral, o pai era o responsável por trazer o dinheiro para casa e a mãe o administrava, respondendo inclusive pela criação e educação dos filhos.

No novo paradigma, pai e mãe trazem dinheiro para casa e a mãe continua com as atribuições ancestrais do lar. Mesmo que o pai seja mais caseiro e até troque fraldas do bebê, a mãe ainda não conseguiu abrir mão de sua maternidade.

A força física e a habilidade de caça do homem foram substituídas pela tecnologia, principalmente do teclado. Esse teclado foi conquistado também pela mulher.

A Era da Informação evoluiu para a **Era do Conhecimento**. Como o conhecimento não depende da força física, as mulheres disputam com os homens os mesmos postos de trabalho, antes ocupados principalmente por eles.

Ainda não se ensina administração financeira nas escolas, e as famílias, mesmo necessitadas, não possuem essa competência.

Sempre, porém, é tempo de adquirir conhecimentos que possam mudar nossa vida.

Por essa razão, escrevo informações essenciais para que cada leitor construa seu próprio critério de administração financeira e eduque seus filhos para que tenham um futuro melhor em qualidade e em quantidade. À máxima popular "sabendo poupar, não vai faltar", agrego:

"Sabendo investir, garanta o porvir".

2. IGNORÂNCIA LEVANDO À POBREZA E AO ESTRESSE

Até hoje permanece na maioria das famílias um silêncio estranho sobre o que fazer com o dinheiro que se ganha. Muitos são os preparos para o "como ganhar dinheiro". O máximo que se dizia em termos de educação financeira era: poupar!

Assim como sempre se dignificou o trabalho, a pessoa rica era malvista. Ela era chamada de "tubarão", termo que, segundo o *Dicionário Aurélio*, significa "industrial ou comerciante ganancioso, que se vale de quaisquer meios para aumentar os seus lucros, contribuindo para a elevação do custo de vida". Também ouvi muitos dizerem "sou pobre, mas sou honrado".

> **Estar pobre ou rico não cabe somente à sorte. Em geral, pobre é a pessoa que não conseguiu ganhar dinheiro ou administrar bem o que recebeu. Muitos profissionais ganharam bem, mas não se tornaram ricos por falhas na administração financeira.**

"Investimento garantido é o imóvel." Com essa máxima, muitos compraram imóveis para proteger a família das intempéries financeiras. Tenho colegas médicos que compraram casa própria, casa de campo, casa de praia, bons carros, mas vivem estressados:

têm patrimônio, mas precisam continuar trabalhando cada vez mais para cobrir as despesas de tudo o que possuem.

3. INTIMIDADE COM O DINHEIRO

Se existem pessoas ricas no planeta, é porque elas souberam de algum modo administrar suas finanças. Para quem ainda não tem esse conhecimento, sempre é tempo de aprender para não deixar o dinheiro escapar das mãos.

Para quem quiser se alfabetizar financeiramente, existem muitos livros de leitura fácil e prazerosa, que podem ser localizados na bibliografia deste livro.

Para iniciar conversas familiares sobre educação financeira, é importante que se desfaça o mito de que os pais não devem falar sobre dinheiro com seus filhos. Devem, sim, e falar muito! Mas falar do dinheiro focalizando a sua importância para viver bem, explicando que é bom ter dinheiro como também é bom ter conhecimento.

Tanto o dinheiro quanto os conhecimentos não possuem valor por si mesmos, mas ganham importância com seu uso e podem ser bons ou ruins, de acordo com o perfil ético das pessoas que os têm.

Quando um filho pequeno pede para comprar uma figurinha, um doce, um brinquedinho, ele já tem noção de compra. Tudo tem um custo. O vendedor sempre confere o dinheiro que entra, o troco e a mercadoria que sai. Essa já é uma operação financeira que o filho *apreende*. O passo seguinte é *aprender*.

A conferência do dinheiro pode ser feita automaticamente, num simples olhar, ou ostensivamente. Os pais podem alertar o filho para essa primeiríssima lição: dinheiro se confere sempre. O prejuízo é sempre de quem não confere.

O filho nessa idade aprende por imitação. Se o filho pega o troco e o entrega ao pai, é importante que ele o confira na frente do filho; não por desconfiança, mas pelo fato de que o ato de conferir o dinheiro faz parte da educação. Não deve haver irritação, exageros e rigidez nessa operação, pois estes são os fatores emocionais que atrapalham a educação financeira.

4. VALOR DO DINHEIRO

QUANDO O FILHO pede dinheiro ao pai para comprar algo sozinho, está na hora de ensinar também o valor do dinheiro.

Qualquer mãe e/ou pai podem a qualquer momento contar o dinheiro que têm consigo. Chame um filho pequeno para ajudar a separar o dinheiro, fazendo montinhos das notas ou moedas iguais. Todos vão ficar felizes. Estão "brincando", estão aprendendo. Se tiverem tempo, e o filho estiver disposto, vale a pena reparar em quanto vale cada cédula ou moeda.

Hoje se encontram joguinhos com dinheiro de brinquedo, incluindo administração e operações financeiras. É o aprender com prazer, para gostar.

**Pôr dinheiro na mão do filho é delegar poder.
Ensina-se o uso bom do dinheiro
e procura-se o "bater das contas", isto é,
o dinheiro que saiu do bolso tem que voltar sob
forma de troco mais gastos.**

Quando o filho aprende a fazer contas na escola, podemos estimular o aprendizado da aritmética e da matemática com algumas questões: "De quanto dinheiro você precisa para comprar um doce?"; "Quantos doces pode comprar com este dinheiro?". Trabalhar bem com essas perguntas significa estimular nos filhos o raciocínio matemático.

5. MESADA

A CRIANÇA aprendeu a fazer as contas? Está na hora de estimarem juntos uma mesada. Tudo tem seu tempo. Como estabelecer mesada se nem conta um filho ainda sabe fazer? Como fazer conta se o filho ainda não aprendeu que tudo custa dinheiro? Não se trata de fazer do filho um sovina ou um ambicioso, mas de ensinar-lhe as regras financeiras do jogo da vida.

Daí a importância de listar os gastos, porque dessa lista podem surgir os itens incluíveis na mesada. Tudo o que não for vital (como CDs, sorvetes, figurinhas, revistas, baladas etc.) deve ser pago pela mesada. São as despesas não obrigatórias variáveis. As despesas obrigatórias fixas ou variáveis, como lanches tomados na escola, mensalidades (escolar, do clube, de outras associações), vestuário escolar, livros didáticos, condução, não devem ser incluídas na mesada.

A quantia da mesada deveria ser estabelecida em função do que o filho precisa, e não conforme as posses dos pais.

A existência de mesada organiza o fluxo de dinheiro em casa, pois não é mais para os pais darem dinheiro quando puderem, ou os filhos pedirem quando precisarem. Faz parte do jogo da vida que os assalariados recebam por mês, os autônomos por serviços prestados, os empresários retirem seu dinheiro dos lucros aferidos e os investidores, da realização dos lucros.

A maioria dos pais de adolescentes reclama da desorganização dos filhos e de sua bagunça. Por isso, a mesada é uma importante base para a organização financeira.

É importante para todos que os pais saibam que os gastos da mesada precisam ser supervisionados até que os filhos aprendam o uso correto e ético do dinheiro. Não é porque a mesada pertence ao filho que ele pode fazer o que quiser com o dinheiro.

Significa má administração financeira uma criança gastar o seu dinheiro do lanche (despesa obrigatória variável) comprando figurinhas (despesas não obrigatórias variáveis). É gastar com supérfluos, desde criança, o dinheiro reservado ao essencial. É como um adulto gastar o dinheiro do aluguel no bar.

Um exemplo do poder inadequado sobre o dinheiro: o adolescente gasta sua mesada para comprar drogas. Não importa que o dinheiro seja do filho, ele não pode alimentar o crime de tráfico de drogas.

6. DEZ GRANDES LIÇÕES APRENDIDAS COM MESADAS (RECEITAS) CURTAS

"QUEM NUNCA COMEU MEL, quando come se lambuza", diz um ditado popular. É preciso que os pais eduquem seus filhos para que aprendam a administrar financeiramente sua mesada.

O mês não acabou, mas a mesada já. E agora, o que fazer? O que os pais podem ensinar? Como?

Essas lições podem ser apreendidas também pelos adultos.

☀ **1ª LIÇÃO: É muito mais fácil gastar do que produzir dinheiro.**

Num mercado capitalista, quem acumula dinheiro é vencedor, porque é muito mais fácil deixar o dinheiro escapar das mãos do que administrá-lo bem.

A tendência natural é gastar mais do que se pode, já que sentimos mais necessidades e desejos do que o dinheiro que temos. O dinheiro dá poder material, mas também o limita conforme a quantia que se tem.

Se uma criança não for educada com limites, ela sempre achará que pode comprar tudo, já que a mãe e o pai sempre têm dinheiro no bolso. O foco dela está no objeto que ela quer, e não em como o dinheiro entrou no bolso dos pais. Assim, o limite de gasto da criança não existe naturalmente. É um conhecimento que tem de ser construído.

Na adolescência, surge o uso do cheque e do cartão de crédito. Os jovens aprendem a lidar com tais recursos, mas não materializam o gasto. Tanto faz passar um cheque ou utilizar o cartão de crédito em compras de 20 ou 300 reais. O processo de pagamento é o mesmo para qualquer valor. Seria diferente se o adolescente tivesse que pagar com seis notas de 50 reais. É muito educativo o adolescente ver tanto dinheiro saindo do bolso dele...

Portanto, é importante e educativo que os provedores determinem um limite para a mesada. Para os que gastam sem controle, não se aumenta simplesmente a mesada. Ensina-se a controlar as saídas.

☀ 2ª LIÇÃO: O dinheiro impõe limites às vontades.

O dinheiro estabelece um limite numérico para a vontade. Assim se educa a vontade, pois não se pode comprar tudo o que se deseja.

> **Quando se toma um caminho, deixou-se de tomar outro. Felicidade é não chorar pelo caminho perdido, mas usufruir o caminho escolhido. Todo gasto é um caminho.**

Quanto mais conhecimentos uma pessoa tem, maior é o número de frustrações. Entre um CD, um livro e o ingresso de um show, quem estabelece o limite da compra é o dinheiro, se os três empatarem nas priorizações. Se adquirir um, perde o poder de comprar os outros dois.

Existem pessoas que nem curtem o que compraram, sofrendo pelo que deixaram de comprar. Isso sim é um grande desperdício da mesada. Como não ficam satisfeitos com o que compraram, logo querem comprar outra coisa.

Assim, não há mesada que chegue!

☀ 3ª LIÇÃO: Dinheiro pode causar mais frustração que felicidade.

O dinheiro nos impõe frustrações. Para cada objeto que é comprado, muitos outros são deixados de comprar. Para uma satisfação, muitas insatisfações são geradas.

"Vontade campeã" é aquela que vence outras vontades. Sempre que realizamos uma vontade, as outras vontades perderam. Aprendendo a enfrentar essas frustrações, chegaremos à sabedoria de não nos dobrarmos ante o capricho das inúmeras vontades perdedoras.

O aprendizado financeiro saudável consiste em poder ser feliz já com o pouco que temos, pois a felicidade está dentro de nós e nós a projetamos para onde quisermos. A felicidade começa no poder de escolha que temos.

☀ 4ª LIÇÃO: A mesada estabelece prioridades entre o essencial e o supérfluo.

Uma vez que a mesada tem limites, estabelecidas as prioridades, o que sobrar pode ir para os supérfluos.

> **Antes de gastar qualquer quantia, vale a pena fazer três perguntas: "Eu preciso realmente disso? Para quê? Preciso comprar agora?".**

Com essas questões, provavelmente muitos supérfluos seriam descartados a tempo. A magia do marketing de vendas é transformar produtos supérfluos em essenciais e de necessidade imediata.

A sabedoria na administração financeira devolve a superficialidade a esses "essenciais". Aos que sabem e atendem suas necessidades essenciais, são permitidos alguns supérfluos. Os que vivem dos supérfluos não terão condições financeiras de atender às suas necessidades essenciais.

✳ 5ª LIÇÃO: Nem sempre o essencial é tão caro quanto o supérfluo.

Ninguém é rico o suficiente para ficar comprando supérfluos. Em todos os níveis, é mais fácil gastar do que receber, mesmo entre os milionários, porque os supérfluos dos milionários também têm preços assombrosos.

Não saber diferenciar o supérfluo do essencial é não saber viver. Grandes conflitos, entre pessoas que convivem juntas, podem surgir por não se estabelecer a diferença entre o essencial e o supérfluo.

Abraham Maslow montou a pirâmide das necessidades usando como base as necessidades fisiológicas, que, uma vez satisfeitas, dão lugar à segunda camada, as necessidades de segurança. E assim sucessivamente começou as outras camadas: a das necessidades sociais, a das necessidades de estima, até chegarmos às necessidades de autodesenvolvimento.

Conforme o grau de saciedade das necessidades que o ser humano atinge, mais clara fica para ele a distinção entre essencial e supérfluo. Para um filho que não conhece a prioridade das necessidades, pode ser essencial a compra de um brinquedo que ainda não tem. Mas, sem dúvida, ele tem de aprender que, se não comer, não vai brincar...

> **Para a educação financeira, toda compra que não se usa, não se curte nem sequer se negocia é um desperdício. O desperdício é sempre muito caro, pois é dinheiro jogado fora.**

✳ 6ª LIÇÃO: Não se deve gastar o que ainda não se ganhou.

Vários são os costumes, recursos ou procedimentos adotados pelos filhos que acabam com a mesada antes do tempo. Eles fazem vales, pedem aos amigos, vivem extorquindo avós, fazendo empréstimos com ágios e juros; por isso terão mesada menor no mês seguinte. Se com a mesada integral conseguiram só um saldo negativo, com mesadas menores o que acontecerá? Os filhos estão traçando sua ruína.

No seu livro O Alquimista, *o escritor Paulo Coelho relata uma negociação do seu herói, o pastor Santiago, com Melchizedek, rei de Salem, na qual Santiago promete pagar 10% do tesouro que pretende descobrir, e Melchizedek responde que, se Santiago gastar antes parte do dinheiro que ainda não tem, perderá o desejo de trabalhar para consegui-lo.*

☸ 7ª LIÇÃO: A frustração e o sofrimento ensinam a ter limites.

De pouco adianta aumentar a mesada, se o filho não aprender a administrar suas finanças. Há adultos que, quanto mais ganham, mais se endividam. Cada vez que os gastos superam as entradas, eles ficam angustiados e estressados. Acabam querendo aumentar as entradas em vez de administrar as despesas.

Se existe um limite de dinheiro para a mesada, combinado entre quem dá e quem recebe, é porque ele precisa ser respeitado. Como se gastou mais do que se devia, é preciso verificar por onde o dinheiro vazou, para que esse furo seja corrigido. Repor e aumentar simplesmente a mesada, além de não educar, pode aumentar o furo.

O filho pode perceber que, quando comprou o CD de que tanto gostava numa loja de conveniência, pagou mais caro do que o cobrado em outras lojas. Obedecendo ao imediatismo de saciar seu desejo, ele perdeu a cabeça, acabou gastando mais do que podia e ficou com menos dinheiro para saciar outros desejos.

☸ 8ª LIÇÃO: Criar um meio de aumentar os recebimentos (a mesada).

Nada impede que o filho crie meios de aumentar a mesada por meio de um trabalho extra que não prejudique os seus estudos.

Um "bico" para ajudar alguém, combinando antes qual a quantia de dinheiro a receber e quanto tempo vai durar a ajuda, é um meio de aumentar a mesada. Essa combinação interpessoal ajuda a construir o conhecimento necessário para pequeninas negociações, semelhantes, que servirão de base para futuras grandes operações financeiras.

Existem muitas oportunidades para ganhar dinheiro extra. Recolher materiais recicláveis, jornais, revistas e encontrar um comprador. Oferecer serviços de internet e comunicação, se estes forem os campos preferidos de atuação. O jovem deve ficar atento para descobrir quem precisa de ajuda, ou se esforçar para fazer o que os outros não fazem e assim aumentar a entrada de dinheiro.

Todo esse esforço constrói um corpo de conhecimento que não existe nos livros e nenhum professor pode ensinar, pois vem da experiência de ter trabalhado. É o adquirir fazendo, é o entendimento teórico da sua prática. Esse conhecimento pertence a quem o constrói. Assim se forma o espírito empreendedor.

✸ 9ª LIÇÃO: Tudo se transforma em dinheiro, que se transforma em tudo, menos os valores não materiais.

Lavoisier poderia estar carregado de razão quando afirmou que "na natureza, nada se cria, nada se perde, tudo se transforma". Na primeira explicação que os pais podem dar aos filhos sobre mesada, é válido dizer que "na mesada, nada se cria, nada se perde, tudo se transforma".

"Nada se cria" significa que a quantia é a combinada e que não crescerá sozinha; se houver gastos a mais, vai faltar. "Nada se perde" significa que o dinheiro não desaparece simplesmente no ar: para algum lugar ele vai. Para descobrir, basta rastrear. "Tudo se transforma" significa que o trabalho do pai se transforma em dinheiro, que se transforma em mesada, que se transforma em CD.

> **O melhor aprendizado é aquele em que o filho compreende que tudo pode ser transformado em dinheiro, e que o dinheiro pode se transformar em tudo o que é material; mas é bom que também compreenda que há valores que o dinheiro não compra.**

⚜ 10ª LIÇÃO: Para o êxito ser alcançado, o planejamento é essencial.

A falta de planejamento dos gastos fica facilmente perceptível se a mesada é curta. São compras impulsivas e não planejadas que estouram qualquer orçamento.

O filho precisa de uma mochila. A mãe, ou o pai, vai junto com o filho a uma loja e lá pede que ele escolha a mochila. O filho escolhe uma bonita, cheia de departamentos e fechos para multiuso. A mãe explica que a mochila é muito grande para ele. O filho faz birra. Vexame geral. A mãe, envergonhada e furiosa, compra a mochila para sair o mais depressa possível da loja. O filho sai contente com uma mochila de adolescente. Se essa mãe tivesse determinado dentre quais mochilas o filho poderia escolher, provavelmente a compra teria sido adequada.

O filho precisa saber que a mãe tem um limite de gastos. Esse é um planejamento que mudaria o comportamento dele na loja. Ele primeiro perguntaria se a mãe pode ou não comprar a tal mochila.

Nas primeiras mesadas, é possível que o filho gaste tudo na primeira semana. A consequência natural é que tenha de viver o resto do mês sem dinheiro, ou seja, ele aprende que uma vontade satisfeita vai lhe custar um mês de sacrifício. É uma excelente oportunidade para aprender a dividir a mesada em semanas.

Também é parte do planejamento não fazer compras maiores que a mesada. Para tanto, terá de poupar por um bom tempo para conseguir a soma necessária. Enquanto espera, ele pode fazer uma boa pesquisa de preço, atento para ver se o que tanto deseja não entrou em promoção.

7. GASTOS IMPULSIVOS E IMEDIATISTAS

Crianças e adolescentes são muito impulsivos e imediatistas. Pode ser pura falta de maturidade, sem más intenções. É a maturidade adquirida que os torna mais prudentes e avaliadores mais responsáveis. Os pais não deveriam entrar no ritmo dos filhos, mas sim trazê-los para a maturidade financeira.

Aliás, ambição, impulsividade e imediatismo são características indesejáveis na educação financeira. Sentar e escrever o planejamento de gastos do mês num caderno faz o adolescente refrear um pouco a impulsividade e o imediatismo.

É preciso lembrar sempre os filhos de que o que for combinado terá de ser cumprido. Não adianta ficar reclamando depois sobre o que já ficou combinado. Toda negociação deve anteceder a assinatura do contrato.

CAPÍTULO 4

Desenvolvendo a performance profissional

O bom pasto de um puro-sangue
custa o mesmo que o de um pangaré...
O que diferencia os animais é a performance de cada um!

1. RELAÇÃO CUSTO-BENEFÍCIO

O grande sonho de todo jovem é atingir a independência financeira para que possa fazer o que quiser. Esse sonho é impossível por dois motivos básicos:

* ele não pode fazer tudo, mesmo com muito dinheiro;
* ele só vai ganhar muito após muitos anos de trabalho.

> **O filho está aprendendo o jogo da vida por meio do trabalho. Todo jogo tem suas regras, e ele tem que aprender as regras da sobrevivência. A primeira delas é a relação custo-benefício.**

Se até hoje o filho não aprendeu essa regra, agora não tem mais como a ignorar. Quando a souber e realmente aplicá-la, o filho terá conquistado o primeiro grande passo da administração financeira da sua vida.

Um empregado avalia o trabalho que faz e calcula se o salário que recebe compensa. Deve haver um relativo equilíbrio entre o que faz (trabalho) e o que recebe (salário). O que ele faz é o seu "custo", e o que ele recebe é o seu "benefício". Se trabalhar muito e receber pouco, então estará tendo prejuízo.

Um empregador já pensa diferente. O custo dele é o salário que está pagando e o benefício é a respectiva produção. Se o empregado trabalhar pouco e receber muito, ele terá prejuízo, ou terá lucro se o empregado trabalhar muito e receber pouco.

Para que essa troca seja justa e ética, é preciso que o fiel da balança esteja no meio. É o "ganha-ganha".

É importante que o filho (empregado) tenha uma ideia de quanto o seu trabalho rende ou vale para o seu pai (empregador).

Para fazer um trabalho de puro-sangue, é importante não ficar somente nas suas funções. (Se você puder, faça além e melhor do que o empregador lhe pede. Seja integral, e não uma parte.)

É bom que os pais peçam ao filho que descubra quem é o pangaré, isto é, o funcionário que sempre reclama para os colegas que "não está sendo pago para isso", e deixa de fazer o que o empregador pediu. Esse é o tipo do funcionário retrógrado, pois com ele o sistema é "perde-perde".

2. ESTÁGIO E EMPREGO

Estágio é um tipo de trabalho em que o foco principal é o aprendizado prático de um ofício. Em geral é um período transitório, necessário para se adquirir experiência profissional.

Um papel (estágio, atividade, profissão etc.) está bem desenvolvido quando nele somos produtivos, espontâneos e criativos. Segundo Jacob L. Moreno, criador do Psicodrama, para chegar a essa maturidade, nosso papel passa por três etapas: *role-taking, role-playing* e *role-creating*.

Quando um jovem começa a trabalhar, é preciso aprender sobre o ofício primeiro. O *role-taking* (tomar ou assumir o papel) é adquirir os conhecimentos necessários para exercer um ofício seja estudando, observando ou ouvindo a explicação de um monitor. O *role-playing* é o treino prático dessa função e o *role-creating* é o assumir integralmente a função.

Quando um pastor ensinava seu filho a cuidar das ovelhas, o filho aprendia vendo o pai fazer, ouvindo suas explicações e perguntando o que não sabia. Então o filho começava a executar as tarefas mais fáceis, até chegar a pastorear todo o rebanho sozinho. O filho poderia se considerar um pastor quando soubesse pastorear, criar, ordenhar, tosquiar e negociar suas ovelhas, ou seja, virar um profissional do pastoreio com ganho suficiente para o sustento próprio e o de sua família.

Quando um pai quer ceder de herança ao filho o seu pequeno negócio profissional, geralmente a técnica é a do estágio, como a do pastor. Mas, quando o negócio é grande e tem muitos setores, torna-se difícil o pai ser o próprio "monitor". É quando o filho passa a fazer estágio nos diversos setores do negócio.

É por meio dos estágios em todos os setores de uma empresa que o filho aprendiz desenvolve a sua competência essencial e outras, transversais, para seu desempenho no trabalho do pai. O grande sonho de ambos, pais e filhos, é que os filhos prossigam com os negócios dos pais, trazendo-lhes mais progresso e expansão.

3. ESTAGIÁRIOS PROGRESSIVOS E ESTAGIÁRIOS RETRÓGRADOS

O **ESTAGIÁRIO PROGRESSIVO** se interessa por tudo e, por saber que está ali de passagem, quer aprender o máximo possível daquele setor. Já demonstra um empreendedorismo que pode ser a sua marca registrada em todos os setores. Desde o início, ganha o respeito de todos os funcionários.

O **estagiário retrógrado** demonstra acomodação, por ser autodepreciativo ou por se julgar o "espertinho", que vai receber o salário sem o mínimo esforço. Frequentemente falta, chega tarde, quer sair mais cedo, sempre inocente e com justificativas para tudo, responsabilizando tudo e todos pelas suas próprias falhas. Ninguém o respeita, desde os primeiros passos do estágio.

O estagiário progressivo, por outro lado, nem percebe o tempo passar, e antes de ir embora já faz uma previsão do que tem de ser feito no dia seguinte. O estagiário retrógrado fica olhando o relógio, o tempo custa-lhe a passar e nem bem saiu do trabalho já se "desliga" dele.

4. COMPETÊNCIA

COMPETÊNCIA é a capacidade de produzir, de resolver problemas e de atingir os objetivos. Eugênio Mussak, médico e consultor de empresas, equaciona a competência como o resultado sobre o tempo gasto mais os recursos utilizados. Isso significa que, quanto mais tempo e recursos um funcionário gastar para atingir um objetivo, menos competente ele é.

· QUADRO 2 ·	$$\text{COMPETÊNCIA} = \frac{\text{Resultado}}{\text{Tempo gasto} + \text{Recurso usado}}$$

Durante a vida escolar, a competência é medida em termos de aprovação nas provas escolares. Na família pouco se tem educado em termos de competência, pois dos filhos praticamente nada é exigido. Quanto menos tempo levar para estudar e menos recursos gastar para aprender, mais competente será o aluno.

A atual geração de estudantes tem demonstrado fraca competência, pois seus pais gastam muitos recursos para que eles sejam aprovados, e os filhos gastam muito tempo para aprender pouco.

Quando os pais pagam professores particulares, além do tempo gasto, o dinheiro também está sendo consumido. O que representa ter que estudar nas férias porque o aluno ficou em recuperação?

Uma repetência escolar, uma recuperação e a ajuda profissional de professores particulares ficaram banalizadas. Não há dinheiro que pague férias estragadas, o prazer da convivência familiar, o sonho de desligar a cabeça por um tempo do trabalho (pais), dos estudos (filhos), ficar livre do trânsito, poluição, insegurança, barulho da cidade grande.

Um funcionário é contratado pela sua **competência essencial**, isto é, pelo que ele sabe fazer dentro de seu ofício. Mas o funcionário que mais progride e traz progresso à empresa é o que tem também as **competências transversais**. Estas são como afluentes de um rio que deságuam no principal (essencial). As pessoas que "vencem na vida" são as que têm as competências essenciais e as transversais.

Por mais competente que uma pessoa seja, ela precisa estar ligada também aos valores superiores não materiais, como disciplina, gratidão, religiosidade, cidadania, ética etc. A História fala de líderes que destruíram povos e países por não terem sido éticos. É a ética que determina o progresso ou o retrocesso da humanidade.

5. COMPROMETIMENTO

UMA DAS GRANDES MUDANÇAS entre o passado, mesmo que recente, e o presente é a velocidade com a qual tudo passa. Televisão, informações, muitas vontades, poucas realizações, cobranças, prazos, compromissos etc., tumultuam o cérebro e tudo isso provoca taquicardia, mas pode não atingir a camada mais profunda, que é a do envolvimento pessoal.

Os pais são mais comprometidos com os filhos do que o inverso. Assim, basta ouvir um pedido dos filhos para os pais se sentirem comprometidos a atendê-los. Com a escola, o compromisso dos alunos é mais com o "passar de ano" do que com o aprendizado.

Assim o nosso jovem vai se desenvolvendo com pouco comprometimento em relação às suas obrigações. Não significa que ele não conheça o comprometimento, pois este se faz presente com amigos, com a namorada, com viagens etc., ou seja, ele se compromete somente com o que lhe interessa e lhe dá prazer.

O comprometimento com a família pode ser construído no dia a dia, desde a mais tenra infância, quando a criança cuida de seus brinquedos, até a adolescência, quando tem como responsabilidade cuidar de algum setor da casa, sem que tenha de ser cobrada. O compromisso se desenvolve à medida que a família exige que o adolescente cumpra suas obrigações, até atingir o amadurecimento.

> **"Vestir a camisa" é o que faz um torcedor consciente de um time, comemorando e festejando as vitórias, amargando as derrotas, defendendo o time contra injustiças e ataques, tornando-se parceiro de sangue de outro torcedor do mesmo time.**

Os pais são torcedores dos seus filhos, mas nem sempre a recíproca é verdadeira. Não por mal, mas é que os filhos não foram educados para isso. Nem por isso os filhos deixam de amar seus pais.

Entre os funcionários igualmente capacitados, vence o que estiver realmente comprometido com o projeto. Num mercado de trabalho onde tudo pesa (competência, empreendedorismo, valores pessoais e relacionais, educação e ética etc.), o comprometimento é o envolvimento afetivo positivo com a empresa, a equipe ou parceiros que ajuda a atingir o sucesso.

6. INFORMAÇÃO E CONHECIMENTO

Após a Era Industrial veio a Era da Informação, quando as informações eram altamente valorizadas, chegando a ser usadas como forma de poder. Com o grande salto na área da comunicação, as informações ficaram facilmente disponíveis, chegando a ser quase gratuitas pela internet.

Uma informação repetida muitas vezes, em momentos e situações diferentes, fica ou ficará registrada temporariamente até seu uso. É como estudar para as provas escolares. Nesse tipo de registro, a informação é memorizada em bloco, e como bloco é utilizada.

A informação em bloco não se desmonta, ficando "aderida", e não integrada, ao corpo do conhecimento. Se não se lembra o começo dela, a informação não é evocada: lembra-se de tudo, ou de nada.

> **Conhecimento é informação aplicada na prática, em todos os ramos da vida, que pode modificar o já existente, criar um novo e expandir os limites em todas as dimensões.**

Um dos primeiros conhecimentos mentais que o ser humano constrói é quando ele entende o significado das primeiras palavras e as utiliza para se comunicar com outras pessoas. A partir daí, o corpo do conhecimento não para de ser construído até a senilidade.

Um dos dados mais interessantes do conhecimento é que ele se constrói por utilidade, prazer ou fortes emoções. O conhecimento não utilizado tende a desaparecer. É assim que ele se torna perecível. Quando usamos um programa novo de computador, geralmente esquecemos o antigo, se o deixamos de usar.

O sistema de ensino atual tem muitos ranços da Era da Informação, quando um aluno era obrigado a carregar muitas informações dentro de si, desde tabelas periódicas a afluentes do rio Amazonas, passando por senos e tangentes, além de datas que reprovavam quem não as soubesse na "ponta da língua".

De que adianta hoje ter as informações na "ponta da língua" se não forem transformadas em conhecimentos? Mudou-se o paradigma, mudou-se a era, mas muitas escolas permanecem oferecendo informações e exigindo "decorebas". Essas escolas não estão atualizadas e não cumprem suas funções de preparar os alunos para o mercado de trabalho.

No trabalho, o conhecimento é tão valorizado que, hoje, algumas empresas têm o **"gestor de conhecimentos"**. Conhecido por poucos, esse gestor, ou gerente, é o que administra o conhecimento da empresa, não só para torná-lo consciente e agregar valor a quem o possui, ou despertá-lo em quem o desconhece, otimizar seu uso, mas também para mostrar como se usa a inteligência específica de um determinado setor para integrá-la ao todo da empresa. Dessa maneira, o gestor pode ser chamado, como um consultor, para superar impasses, orçar custos, estimular produção etc.

Poderia ser o professor um gestor de conhecimento? E por que não também os pais? Bastaria inverter o processo de aprendizado, estimulando alunos e filhos a contribuir e exercitar os conhecimentos.

A adolescência é um período de busca de autonomia comportamental. Para se sentirem independentes, os jovens buscam fazer o diferente. A experimentação do novo é uma das maneiras de construir na prática o corpo do conhecimento. O estudo formal em escolas tem a finalidade de passar esses conhecimentos que não são acompanhados, necessariamente, pela vivência do aluno. Não existe tempo hábil para que o aluno viva tudo o que precisa aprender. Portanto, o conhecimento pode e deve ser também construído por estudos.

7. EMPREENDEDORISMO

MUITO VALORIZADO no mercado de trabalho, é um termo novo que engloba valores conhecidos há tempos. É uma mudança de paradigma do mau empregado para o novo trabalhador.

> **Mau trabalhador é a pessoa que trabalha o suficiente para não ser despedida e reclama que ganha pouco. Mau empregador é o que paga o suficiente para que seu funcionário não peça demissão. Acaba se formando o ciclo retrógrado do perde-perde.**

Também é mau empregado aquele que só faz o que lhe pedem, ou simplesmente a sua obrigação, porque poderia fazer algo mais, necessário mas não pedido, que estivesse ao seu alcance, sem perda de tempo ou de recurso extra. É mau também aquele que faz somente o que não lhe pedem e acaba atrapalhando a organização da empresa.

Mesmo sendo bom trabalhador, cumprindo "direitinho" a sua obrigação no dever e no horário, se não tiver iniciativa própria, criatividade e emoção de "vestir a camisa", quando se tratar de um trabalho repetitivo, ele pode ser substituído por uma máquina.

Muitos filhos, funcionando como maus empregados, estudam apenas o suficiente para passar de ano, fazendo o mínimo em casa e recebendo tudo de "mão beijada", já que os pais também pouco exigem; estão se desenvolvendo a passos de criancinha e acabam sendo mal preparados para o trabalho, cujas exigências andam a passos de gigante.

Empreendedorismo é o conjunto de várias qualidades humanas, tais como competência, iniciativa, ética, criatividade, ousadia, comprometimento e responsabilidade, especificamente mais focalizados no trabalho, mas que servem para qualquer área da vida. Essas qualidades devem se interdepender totalmente, pois a ausência de uma delas pode comprometer o resultado do trabalho.

Um dos grandes dramas da educação familiar e escolar é a mudança dos paradigmas educacionais; o que servia antes já se tornou obsoleto, mas as escolas e os pais ainda não conseguiram se atualizar. É preciso que os empreendedores estimulem os conservadores para que expandam os limites da educação.

8. *PIT STOPS*

VALE A PENA os adultos fazerem o "atendimento *pit stop*" dos adolescentes, como são atendidos os carros F-1 durante as corridas.

> **A vida do adolescente é uma corrida.**
> **De vez em quando o filho para para ser abastecido,**
> **para logo continuar na sua corrida.**
> **É a hora estratégica da corrida,**
> **quando a competência do atendimento**
> **pode definir o resultado.**

Quem atende a esses *pit stops* são os pais. O maior cuidado é para que os pais atendam ao que os filhos precisam, e não o que eles, pais, querem dar.

Para acertar nesse atendimento, é bom que os pais parem o que estão fazendo, escutem com bastante atenção, olhem também para as mensagens extraverbais, pensem sobre o que precisa ser feito, e façam.

Como esse *pit stop* é educacional, mais importante que uma corrida contra o tempo é o **atendimento integral**. Cada etapa tem sua razão de ser. É na sequência do parar, escutar, ver, pensar e agir que se passa o objetivo principal da educação, isto é, aquele em que os pais são cada vez menos necessários materialmente, porém mais importantes em termos afetivos.

É um encontro muito rico, no qual existem muitas possibilidades:

- Parando, os pais focalizam o atendimento ao filho.
- Ouvir significa que é o adolescente que tem de expressar suas necessidades e não os pais que devem adivinhar o que ele quer. (Comunicar o próprio ponto de vista é a base de qualquer relacionamento. O mundo corporativo não vai se esforçar para adivinhar o que seu filho quer.)
- Ver significa captar muito além do que significam as palavras ditas, complementando a percepção das manifestações extraverbais do filho. (Os líderes são especialistas em juntar o que se diz, como se diz e quais as comunicações extraverbais manifestadas.)
- Pensar significa não agir impulsivamente para atender ao imediatismo juvenil, mas concluir qual a melhor medida a ser tomada.
- Negociar o que tem de ser feito. (A vida é energia em movimento, e sua qualidade depende de negociações. O mundo corporativo vive de "negócios".)
- Quanto melhor o filho for abastecido nos seus *pit stops*, maior será sua autonomia e menos *pit stops* fará com estranhos. Sabe-se lá qual o tipo de combustível que o filho poderia receber...

CAPÍTULO 5

Primeiro emprego

A grande caminhada da vida começa
pelo primeiro passo.
Com o primeiro emprego,
o grande sonho profissional põe os pés no chão.
Reúne tudo: felicidade e angústia,
preparo e espontaneidade,
apreensão e cuidado,
ousadia e carinho,
construção e solidariedade,
raciocínio e amor,
progresso e poesia,
competição e humanidade.
O primeiro emprego pode durar a vida toda, se cada
passo seguinte for empreendido como o primeiro.

IÇAMI TIBA

◉

1. SEM PREPARO PARA O TRABALHO

O CHEFE pede para o estagiário, ou empregado iniciante, fazer uma ligação telefônica.

O estagiário começa a cumprir a tarefa, encontra dificuldades e não a faz. Tem na ponta da língua os motivos pelos quais não fez. Mas de nada adiantam essas respostas, porque elas podem até explicar o que aconteceu, mas o fato é que o telefonema não foi concluído.

Há pessoas que não têm educação suficiente para perceber a gravidade do problema de elas não terem concluído o telefonema; e não conseguem também avaliar os prejuízos que causaram. São tão "folgadas" que não seria de repente que evoluiriam para progressivas. São pessoas retrógradas, que argumentam que "fizeram a sua parte, portanto, não têm culpa pelas falhas alheias".

A vida profissional é bem diferente da estudantil. Na escola, o aluno podia deixar de cumprir os seus deveres. Sempre havia um jeito. Mesmo que não houvesse solução e ele tivesse de ser expulso da escola, tudo era amenizado por um "convite a se retirar".

2. FALHAS ESCOLARES E FAMILIARES

Escolas e famílias, cada qual à sua maneira, não preparam as pessoas para o trabalho como poderiam. A realidade da vida adulta não tem muito a ver com a vida estudantil nas escolas e a juvenil nas famílias.

COMO ESTUDANTE, ele poderia pensar: "Se eu fizer, ótimo; mas, mesmo que não faça, ainda posso passar de ano". Mesmo que o estudante erre no que o professor pede, ele tem mais oportunidades, até conseguir acertar.

Para sua tarefa de estudante ser cumprida, toda sorte de "ajuda" é oferecida. Essa "ajuda" sustenta o folgado, portanto, ela é retrógrada, isto é, dificulta e até impede o progresso. A vida do aluno continua praticamente inalterada, mesmo com a repetência escolar. Esses pontos, dentre inúmeros outros, já são suficientes para mostrar quão mal preparado o estudante vai para o trabalho.

Dificilmente ele permanecerá num emprego, se errar duas ou três vezes para acertar uma, deixar tudo para a "última hora", a ponto de nem dar tempo de cumprir os deveres, ou ficar pedindo "ajuda" a outros empregados para terminar o seu dever. Os outros colegas de trabalho têm seus próprios deveres a cumprir.

Há famílias que tomam a repetência escolar como algo fatídico, que tem de acontecer, já que o filho não estuda. Não, o filho não pode repetir. Ele tem que aprender a cumprir com os seus deveres, como base para a formação da sua personalidade.

> **O mundo do trabalho está pouco preocupado com sua autoestima, se ficou magoado, se está revoltado ou carente porque levou um fora da namorada. Se ele não cumprir o que tem de ser feito, estará na rua, sem choro nem vela.**

Nenhuma empresa nacional ou multinacional mantém um funcionário num cabide de emprego, por caridade ou por filantropia, com o conhecimento dos seus diretores. Ou ele produz, ou está despedido. Se, como estudante, nada mudava, agora sua vida pode mudar, sim, de empregado para desempregado.

O chefe não é como um professor, que se preocupa com as razões pelas quais o aluno vai mal nas provas, nem como os pais, que levam sempre em conta a autoestima e a felicidade do filho. Quem reclama dos professores e dos pais, que espere até trabalhar e ter um chefe.

3. PAI-PATRÃO

Nos ÚLTIMOS TEMPOS, em poucos anos, aumentou muito o número de profissões e trabalhos diferenciados, a ponto de os pais não conhecerem alguns deles. Ao mesmo tempo, muitos pais estão prosperando nos seus próprios negócios. São pais que partiram do "nada" e conseguiram "vencer na vida". Estes querem passar aos filhos sua experiência de vida e capacitá-los a administrar seus negócios.

Nesses casos, o filho tem um pai-patrão no seu primeiro emprego. É um relacionamento profissional que se mistura com o familiar. Um filho bem preparado e educado aceita e aprende bem, mesmo com esse tipo de relacionamento. Mas aquele que foi mal educado e mal preparado, em geral, causa confusão e tumultua o ambiente de trabalho e também o clima em casa.

Há homens que se dão profissionalmente muito bem, mas em casa não conseguem ter um bom relacionamento com os filhos. Quando esses filhos vão para o trabalho com os pais, acabam levando para lá os problemas de casa.

Minha proposta é que esses pais façam exatamente o contrário. Levem para casa o que dá resultado no trabalho. Assim, tanto a vida familiar quanto a profissional tem chances de ser harmoniosa.

Entre as várias ideologias nas quais os pais têm de iniciar os filhos para trabalhar nos seus negócios, selecionarei as extremas: o "filho tem que começar por baixo" e "meu filho não pega em vassoura".

A maioria dos pais tem a ideia de que o filho deve começar por baixo: varrendo, trabalhando braçalmente no almoxarifado, sendo office-boy do escritório, e assim sucessivamente, subindo os degraus, "estagiando" em cada um deles para aprender tudo o que acontece.

Na prática, o sonho desses pais nem sempre é realizado, pois todos os colegas daquele degrau ou ambiente de trabalho sabem que "aquele" funcionário é o filho do patrão. Isso pode trazer desde um protecionismo até uma perseguição exagerada, o que não aconteceria com outra pessoa qualquer.

Outros pais acham que o filho tem que usufruir dos privilégios e do poder do pai-patrão, mesmo que ainda não tenha nenhuma prática no ramo. Geralmente, esse filho chega com ideias de mudar tudo, sem nenhuma visão administrativa nem empresarial; vem dirigido unicamente pela sua onipotência juvenil ou pelo seu rigor acadêmico de adulto jovem-recém-saído-da-universidade.

Os motivos para essa forma de iniciar o trabalho estão, na maioria das vezes, na história de vida dos próprios pais. É como o pai que passou fome na infância e hoje entope os filhos de comida.

O que o pai já sabe é que a teoria acadêmica, na prática, pode ser muito diferente. Aqui também o sucesso pode vir muito mais da educação e capacitação do filho em saber alavancar o que está ruim, incrementar o que está bom, manter o que está ótimo através de uma visão administrativa e empresarial, sabendo que as consequências de suas decisões não dependem mais de aprovação, simplesmente, como uma prova escolar, mas têm que atingir uma determinada meta, que já foi traçada dentro da ideologia da empresa.

Não é raro acontecer de um filho que "nunca pegou numa vassoura" também não conseguir entrar na faculdade. Hoje, aquele que para de estudar no colegial é considerado quase analfabeto funcional. Mas a própria idade lhe confere a onipotência juvenil. Trata-se de um ignorante com poder nas mãos. Dê poder a um ignorante e este mostrará ignorância ou arrogância no poder.

4. LARGANDO OS ESTUDOS PARA TRABALHAR

Nem todos os jovens têm facilidade ou prazer em estudar, mas existem alguns que têm dificuldades reais nos estudos, chegando inclusive a adquirir fobia escolar. Cabe um bom diagnóstico da situação, feito com a ajuda de um profissional competente, para descobrir qual o caminho substitutivo do estudo para sua formação profissional.

O abandono escolar deve ser a última atitude a ser tomada.

Existem outras maneiras que também podem ajudar na formação e capacitação profissional, como, por exemplo, um estágio num bom local de trabalho, onde o filho possa aprender aquilo de que gosta, já direcionado para o campo profissional.

Há pessoas que são mais práticas que teóricas. Se precisarem estudar antes da prática, talvez não aprendem nada. Começando pela prática, talvez consigam melhores resultados. E existem escolas profissionalizantes para esse grupo.

Não custa lembrar que os jovens, hoje, quando pegam um telefone celular, já vão ligando, procurando o menu de opções, experimentando tudo até usá-lo, sem terem aberto o manual. Os pais da época dos manuais ficam perplexos.

Existem alguns rapazes que querem largar os estudos para trabalhar e ter mais dinheiro em mãos, para poder gastar com roupas, baladas, viagens, programas com a turma. São pessoas retrógradas, que priorizam o prazer em detrimento dos estudos.

Há outros que querem trabalhar meio período, e até mesmo os que querem estudar à noite para trabalhar durante o dia. Se o trabalho for progressivo e em nada prejudicar os estudos, pode até ajudar o estudante a se organizar melhor. O trabalho em si não prejudica o homem em nada.

Outros adolescentes são obrigados pelos pais a trabalhar, pois não querem estudar. O trabalho desenvolve a disciplina e competência para a sobrevivência.

Ao conhecido dito popular "Mente vazia é oficina do diabo", acrescento "Corpo parado é brejo mofado"; isto é, ficar largado na poltrona na frente da televisão estraga também o corpo.

5. DILEMAS ENTRE TRABALHO E ESTUDO

GRANDES DILEMAS enfrentam pais de filhos talentosos e brilhantes que querem ser esportistas profissionais, artistas de televisão, modelos, não se incomodando em largar os estudos. Enquanto o lado profissional e o escolar são complementares, eles podem coexistir. Quando um começa a prejudicar o outro é que surgem os dilemas.

Os maiores dilemas entre pais e filhos estão relacionados à eventual interrupção do estudo ou da profissão. Todos sabem a importância dos estudos. Mas nem todo estudo e aprendizado é feito somente em escolas. Quando o sucesso profissional é muito grande, há como estudar apenas o necessário para sua profissão, com cursos especializados e professores particulares.

Não se procura um trabalho porque um filho não gosta ou não quer estudar, assim como não se abandona uma carreira por causa de uma dificuldade. É necessário resolver a dificuldade, e não abandonar a carreira. Um filho que larga os estudos pode também largar qualquer outra atividade em que encontre dificuldade. Além de prejudicar sua vida por falta de estudos, pode desenvolver um costume de abandonar suas tarefas quando surgirem dificuldades.

Não há tarefas que não tragam em si algumas dificuldades. O trabalho não substitui a escola.

6. CRISE DE TRABALHO? SAÍDA EMPREENDEDORA

No Brasil, existem milhões de pessoas desempregadas. Metade delas tem entre 18 e 25 anos. O restante está distribuído entre outras idades. A alta concentração de desempregados está na faixa dos adultos jovens.

Vivemos um paradoxo: há vagas no trabalho e há empregados. Isso demonstra que os desempregados estão incompetentes para o trabalho. Eles não se empreendem às suas qualificações.

Esses adultos jovens compõem a geração carona. (É a geração que está vivendo de carona com os pais, enquanto não embarca em algo que lhe dê independência financeira.)

Muitos dessa geração estão fazendo mais e mais cursos para obter maior capacitação e concorrer em igualdade a um emprego.

Currículos cada vez mais ricos invadem, via e-mail e correios, muitas empresas e muitas vezes nem sequer são tocados. O que significa que nem para entrevistas esses adultos jovens acabam sendo chamados.

A maioria dos que conseguem ser entrevistados o fazem pela sua rede de relacionamentos e as de seus pais e amigos. É o networking em ação.

A colocação depende dos testes de avaliação aos quais todos os candidatos são submetidos. É nessa etapa que vale realmente a capacitação pessoal, todos os cursos feitos, o poder de comunicação, de liderança, de empreendedorismo, de inteligência emocional e relacional, além dos aspectos físicos, disciplina e valores não materiais.

O Brasil está em sexto lugar no ranking mundial de empreendedorismo. O país também é um dos que mais exportam executivos. Mais que trabalhar na empresa da família, o jovem-adulto poderia montar negócio próprio.

É rejuvenescedor aos pais e promissor aos filhos ter um negócio próprio. Há muitos negócios pequenos que prosperam quando se juntam a compreensão e a sabedoria dos pais à força de trabalho e ao empreendedorismo dos filhos.

Existe ainda a alternativa de alguns adultos jovens se unirem, formando uma microempresa que possa atender à demanda de um mercado dinâmico, ágil, que abre surpreendentes nichos. Tais nichos, em pouco tempo, ficam saturados, portanto, é preciso rapidez e assertividade.

CAPÍTULO 6

O terceiro parto

1. GERAÇÃO CARONA

Há um momento decisivo na vida de todas as pessoas, que acontece entre o fim da adolescência e o início da fase de adulto jovem: a entrada na vida profissional. É o terceiro parto, quando se nasce para a independência financeira.

MESMO PARA um jovem que tenha recebido boa educação familiar e escolar, preparado para ser independente, esse "parto" ainda depende da possibilidade de encontrar trabalho ou emprego, ou seja, do estado em que se encontra a situação econômico-financeira do país.

Entrar no mercado de trabalho e se tornar economicamente independente deveria ser uma consequência natural do amadurecimento. Entretanto, hoje, não só o mercado de trabalho está muito competitivo como muitos jovens se sentem inseguros para trabalhar.

Há pais que absorvem compreensivamente esse adulto jovem formado e desempregado e se tornam seus parceiros na procura de uma colocação. Esse adulto jovem faz parte da "geração carona", como tenho dito, também conhecida como "geração canguru". Acredito que tenha esse nome por andar de carona na bolsa do canguru pai (ou mãe), mesmo já adulto.

Em um passado muito recente, somente se justificava um adulto jovem em casa se ele estivesse doente ou vivendo algum outro problema pessoal e/ou familiar muito sério.

Hoje, o paradigma pode ser outro por causa das modificações socioeconômicas. Há pais confortados pela presença de adultos jovens em casa, que, longe de ser empecilhos, rejuvenescem a vida, com suas namoradas(os) e amigos(as), com toda a parafernália eletroeletrônica e novidades que não pertencem ao cotidiano dos pais.

É uma aposentadoria diferente, com novos e doces encargos. É um outono abanado pelas brisas de primavera, ou mesmo sacudido por chuvas de verão... Mesmo que cheguem netos, por acidente ou não, estes podem ser sábia e tranquilamente recebidos para ser cuidados e usufruídos pelos avós, que se renovam a cada convivência...

2. "PAITROCÍNIO" NO TRABALHO

Ainda hoje o trabalho continua sendo um importante pilar da autonomia financeira. Alguns pais tentam ajudar a geração carona, trazendo-a para trabalhar com eles, enquanto não encontra trabalho no ramo do seu diploma universitário.

Outros pais pedem ajuda aos amigos para que incorporem esses adultos jovens no trabalho, mesmo que seja para pagar um mínimo possível, apenas pela importância de estar trabalhando, de preferência no ramo para o qual se formou. Não é raro esses pais até pagarem os salários dos filhos, simulando que quem paga é o patrão deles. Esse é um "paitrocínio".

O que eu tenho visto e que tem dado melhores resultados é os pais entrarem como sócios-financeiros dos filhos, que são alçados para a condição de sócios-trabalhadores, numa parceria que seja boa para ambos.

Desses pais ainda há os que se arriscam mais, "dando" um capital para o geração carona começar um negócio. Digo arriscam porque, se o filho nunca teve uma responsabilidade em mãos, provavelmente não vai adquiri-la de repente. É necessária a ajuda de técnicos especializados.

Um dos fracassos desse último "paitrocínio" foi o promovido pelo filho adulto que sempre trabalhara com o pai, mas não cumprira com as suas próprias responsabilidades. Chegando ao limite da situação, ambos decidiram que o filho deveria ter o próprio negócio. O grande sonho do filho era ter um bar. O pai deu ao filho um bar montado para que ele "tocasse". Quem sabe o filho se tornaria responsável administrando um negócio próprio que tanto queria? Em poucos meses, tudo rolou não por água abaixo, mas "bebida abaixo". O filho administrou o seu profissional bar como se fosse um bar na sala de visitas de sua casa. Recebia os amigos para beberem juntos e não cobrava de ninguém. Ou seja, continuou um filho gastando e usufruindo do "paitrocínio"... E o "paitrocinador" fechou o negócio com dívidas a pagar...

3. GERAÇÃO CARONA COM SUCESSO

UM EM CADA QUATRO jovens entre 25 e 34 anos ainda vive com os pais.

Um dos segredos do sucesso de ter um adulto jovem morando na casa dos pais é o posicionamento adotado por ele. Existem três tipos de caronistas que não são adequados porque todos saem prejudicados: o caronista folgado, o explorador e o "sufocado".

- O caronista folgado continua como se ainda não tivesse o diploma na mão: acorda de manhã, quando chamado; espera chegar às suas mãos o que quer, mas não acha ruim se não vier; não se incomoda com os problemas da casa, mas também não quer ser um "mala"; para ele tudo está bom, porque é pouco exigente, principalmente no que depender dele mesmo.
- O caronista explorador é o que faz valer o diploma para ter as regalias: seus pais e irmãos são seus vassalos, que estão lá

para servi-lo; reclama muito, quando não é servido; recusa-se a ajudar nos serviços da casa; é arrogante, de difícil convivência, prepotente a ponto de atropelar todos em casa; exige o melhor para si; os outros devem reverenciar o rei que ele tem na barriga.

⚙ O caronista sufocado é o que se sente culpado por não conseguir um emprego e tenta compensar fazendo de tudo na casa: um "garoto de escritório" de luxo, que faz os pequenos serviços de rua para todos da casa (pagar conta, fazer movimentos bancários, pequenas compras do dia a dia) e também conserta ou faz tudo em casa (parte elétrica, torneira vazando, televisão, computador, celular que não funciona etc.).

> **O caronista adequado é o que tem consciência do momento de vida pelo qual está passando, faz tudo para não atrapalhar e o possível para ajudar em casa, mas tem como prioridade a busca de um emprego.**

O espaço físico praticamente continua o mesmo que o adulto jovem ocupava quando adolescente. Se tinha um quarto próprio, ou se dormia com um irmão no mesmo quarto, o status físico geralmente se mantém. Um detalhe importante a ser considerado é a mudança do armário, que agora tem que receber sapatos e camisas sociais, gravatas, ternos etc.

O tempo dedicado à família começa a mudar porque o adulto jovem agora tem outros interesses profissionais e afetivos. O controle desse tempo e espaço (quando e como sai e para onde vai) passa a ser totalmente do filho, que teoricamente não precisaria mais prestar contas de suas programações como quando era adolescente.

4. SAINDO PELA PORTA DA FRENTE

SIGNIFICA SAIR DE UM LOCAL, situação e/ou relacionamento com todas as contas zeradas, sem dever nem creditar favores, sem criar ressentimentos nem sofrer por eles, sem desejos de vingança nem carregando "sapos" dentro de si. Enfim, a situação deveria estar melhor do que antes, e a própria pessoa também deve estar melhor. Ou seja, todos melhoraram.

> **Mais importante que vantagens materiais é sentir-se digno. Tais vantagens desaparecem com o tempo e o dinheiro muda de mãos. A dignidade não se transfere, e o tempo torna-a cada vez mais preciosa.**

Aprende-se a sair pela porta da frente em casa, com os pais. Significa sair com dignidade para poder ser bem recebido sempre. É uma grande falta de educação sair ofendendo, agredindo, batendo a porta, menosprezando, minimizando o que recebeu, significando, em resumo, "cuspindo no prato que comeu", ou seja, sair pela porta dos fundos.

Quem poderia voltar ao local, relacionamento e/ou situação aonde entrou pela porta da frente, de onde saiu pela porta dos fundos? Ao assim sair, fechou essa porta atrás de si e nunca mais poderá tê-la pela frente. Uma pessoa que tem algumas portas fechadas à sua frente não é livre.

Assim também os adultos jovens têm que sair da casa dos pais pela porta da frente. Mesmo porque não é a distância física que separa os filhos dos pais e vice-versa, mas sim o fechar afetivo das portas.

5. PREPARANDO FILHOS PARA O NEGÓCIO DOS PAIS

UMA DAS GRANDES diferenças que ocorreram nas famílias das últimas décadas foi a grande diminuição do tempo de convivência entre pais e filhos. Dois são os motivos principais: a mãe que trabalha fora e os filhos que vão para a escola com 2 anos de idade. Na adolescência, essa situação se agrava porque os filhos já não permanecem onde os pais assim determinaram.

Se os pais não se esforçarem para se encontrar com seus filhos adolescentes, não conhecerão os amigos deles nem mesmo o que está lhes acontecendo na escola, caso a escola não lhes comunique. Os adolescentes só admitem seus erros até o ponto onde forem descobertos e não encontram como negá-los.

Para piorar um pouco essa situação quase crítica, quando estão juntos, pais e filhos evitam conversas sérias, pesadas ou até mesmo algo que possa contrariar algum membro da família, levando tudo para curtir a vida juntos. Querem mais é festa, alegria, papos descompromissados. Gastam as oportunidades de se atualizar com amenidades.

> **"Já que ficamos tão pouco com os filhos, deixamos passar tudo porque não temos vontade de ficar pegando no pé deles", dizem os pais mais benevolentes. A pergunta que fica é: se não são os pais a educar seus filhos, quem o fará?**

Tudo isso faz com que os pais só acabem descobrindo quem seus filhos realmente são quando começam a trabalhar juntos. A realidade dos filhos pode estar longe do sonho dos pais.

Existe um denominador comum em várias empresas de sucesso. O avô começou o negócio, o pai e os tios o ampliaram e o multiplicaram em empresa; os filhos e primos, mais genros e noras com seus familiares, formam a terceira geração, que será dona da **holding** familiar.

Cabe aqui uma distinção entre herdeiro e sucessor. Herdeiro tem direitos legais sobre a herança. Sucessor é quem vai continuar trabalhando na empresa, ocupando um cargo ou uma função. Herdeiro pode ser sucessor. Para ser sucessor, não é preciso ser herdeiro, pode ser uma pessoa contratada.

Um dos grandes problemas que as famílias enfrentam é o processo de sucessão. A primeira geração é a do grande chefe empreendedor e criador que respondia sozinho pelos seus atos. A segunda geração é formada pelos seus filhos, uma sociedade de irmãos.

A administração societária é muito diferente da individual. Com a entrada de pessoas diferentes através dos casamentos na vida da segunda geração, começam as complicações emocionais, psicológicas, relacionais e administrativas.

A terceira geração é formada pelos filhos dos filhos, que com seus respectivos casamentos e herdeiros multiplicam mais as dificuldades que as facilidades. Passa essa geração a ser um grande conglomerado de primos-irmãos e agregados, cada um com suas pretensões, fazendo confusão entre serem herdeiros e/ou sucessores.

Na realidade, o que se forma é um imenso grupo formado por muitos núcleos familiares, cada um defendendo seus interesses pessoais. Os direitos legais de herdeiro não garantem competência laboral, empreendedora ou administrativa. Mas são os herdeiros que detêm o poder de escolher quais as direções econômicas, filosóficas e sociais a serem tomadas pela empresa ou holding. Os sucessores terão que prestar contas aos herdeiros, que serão todos sócios-acionistas.

É bastante delicada a situação do herdeiro-sucessor, que tem que prestar contas a outros herdeiros, que nem sequer sabem onde fica a empresa...

Ocasionalmente o grande chefe pioneiro, mesmo afastado do dia a dia, ainda garante sua frequência na empresa e não raro quer passar ordens pessoais, atropelando os sucessores, contratados ou não. Confunde-se geralmente o vínculo afetivo de respeito e gratidão com o de grande patrão. Assim também não é raro um pai indicar seu filho para sucessor por questões afetivas, mais que por competências. Não é à toa que muitas empresas não sobrevivem à terceira geração de herdeiros.

6. PROCESSO DE SUCESSÃO: WORKSHOP FAMILIAR

É UM TRABALHO altamente especializado porque reúne pessoas de vários tipos:

- diferentes idades, interesses e capacitações;
- diferentes perfis psicológicos;
- antecedentes pessoais e familiares distintos, mesmo sendo consanguíneos;
- cada um com as próprias pretensões como trabalho e estilo de vida;
- cada um sofrendo pressões, ou não, dos próprios pais;
- alguns já trabalhando na empresa, outros nem sequer passando por perto;
- uns empenhados no progresso da empresa, outros esperando benesses etc.

Um dos temas mais comuns na sucessão familiar é trabalhar com esta terceira geração (de primos), com ocasionais inserções na segunda (de irmãos) para diferenciar herdeiros de sucessores.

A busca da melhor solução para o processo de sucessão pode partir para a prática do menos pior até atingir os caminhos mais adequados para todos.

Dificilmente quem pertence ao labirinto encontra soluções se não tiver uma pessoa que ajude. Dessa maneira, cada um dos integrantes da terceira geração pode buscar solução própria como um assistente técnico particular, profissional ou não.

Se cada primo buscar para si o melhor, logo estarão todos brigando para ficar com o melhor quinhão.

A melhor sugestão é que haja uma pessoa especializada que possa trabalhar com todos para o bem da empresa/holding familiar ou do simples negócio e de cada um dos seus familiares. Essa é a tarefa do workshop familiar.

CAPÍTULO 7

Necessidades especiais

Um vazamento que todos os dias molha um
pouquinho só pode ser pouco para contratar uma
reforma, mas também é muito para deixar como está...
Uma fratura óssea provoca uma correria
para levar o filho ao pronto-socorro.
Uma febre alta numa criança faz os pais
saírem correndo atrás do médico.
Mas aquele enjoo besta, que não impede o filhinho
de ir ao shopping, deixa os pais alertas, pois é pouco para
incomodar o pediatra, mas é muito para deixá-lo solto...
A essas situações nas quais não sabemos bem o que fazer,
chamo de necessidades e cuidados especiais.
Porque o vazamento pode ser o duto de água se rompendo.
Porque esse enjoo besta pode ser um
começo de apendicite...
Porque "aborrescentes" podem ter sido "crionças".

Içami Tiba

1. O DESVIO DE VERBAS COMEÇA EM CASA

NÃO HÁ BRASILEIRO que não seja vítima dos desvios de verbas e da corrupção. O pior é que o desvio de verbas pode começar já dentro de casa. Nós ensinamos aos nossos inocentes filhinhos a desviar dinheiro desde cedo quando deixamos de cobrar a responsabilidade de cumprirem o que foi combinado, como devolver o troco do dinheiro que lhes damos.

> **Se damos dinheiro para o lanche na escola e ele gasta tudo comprando figurinhas, o filhinho desviou verba. O poder que lhe foi delegado era para alimento, não para lazer.**

Se esse desvio continuar, sua saúde será prejudicada. São os pais que terão que arcar com as consequências e vão destinar outra verba para tratamento ou recuperação da saúde.

Não é porque o filho está com dinheiro na mão que pode fazer o que quiser com ele. É preciso que nós o eduquemos a lidar com o poder. E a entender que nem todo dinheiro que passa por suas mãos lhe pertence.

Do dinheiro para o lanche, exija o troco. É uma quantia irrisória, mas é com essa medida, que não significa desconfiança, e sim uma ação educativa, que o filhinho aprende a prestar contas e a exercitar a responsabilidade doméstica que lhe foi confiada. Futuramente será dele a responsabilidade social.

Os pais não deveriam ficar bravos nem castigar seus filhos no primeiro desvio de verba. É preciso ensinar-lhes que isso não se faz, que é errado. Para isso, precisamos ensinar como se faz, o que é certo. Não se castiga a ingenuidade, mas não se perdoa a desonestidade. Deve-se combinar quais serão as consequências se esse desvio for feito outra vez.

2. ÉTICA DO DINHEIRO

Se os pais não controlarem como o filho exerce o seu poder sobre o dinheiro, e ele comprar o que quiser sem supervisão, por que na adolescência não compraria drogas? "Afinal", pode pensar ele, "o dinheiro é meu e posso fazer dele o que eu quiser".

COM TAL PENSAMENTO, o filho não aprende nem desenvolve a "ética do dinheiro": o dinheiro não pode ser usado para o mal, seja de quem ou do que for. Porque o dinheiro da droga vai chegar ao traficante, que compra a arma que nos assalta nas ruas.

A mesada é uma quantia fixa em dinheiro que o filho recebe em espaços de tempo previamente combinados para que ele administre seus desejos de compras. Se o filho gastar tudo de uma vez, vai ficar sem dinheiro até o próximo recebimento. Essa espera o educa a administrar melhor o seu dinheiro. Quem romper a espera do próximo recebimento estará deseducando o filho. O filho vai querer furar o esquema pedindo para avós, funcionários, tios etc.

Se a mesada tiver que ser sempre complementada, de duas uma: ou ela é pequena demais, ou o filho é um esbanjador. Caso não consiga se controlar, significa que é muito cedo para mesada. Talvez seja necessário recebê-la sob forma de "semanada", a mesada recebida por semana.

Com a mesada, o filho pode aprender a se organizar, fazer previsões e poupanças para poder comprar algo mais significativo. Para isso, os centavos poderão ser importantes. Mas o dinheiro para o lanche ou para qualquer outra obrigação escolar não pode ser desviado.

A família de José, de 17 anos, sempre depositou dinheiro na sua poupança desde criança. José aprendeu a trabalhar com investimentos financeiros e hoje tem uma boa soma de dinheiro. O suficiente para querer parar os estudos, comprar uma moto e sair pelo mundo. A família não concorda com essa intenção de José, que está decidido a realizá-la assim que completar 18 anos. Quer viver de renda. O que preocupa a família de José é que ele, apesar de inteligente, nunca termina o que começa, fica muito agressivo com frustrações, acha-se feio e fecha-se em si mesmo. Não se compromete com nada, nem com garotas. Não usa drogas, mas queria viajar com amigos usuários. E cerveja, para ele, é refrigerante.

O erro não está no fato de os pais terem feito os depósitos, mas no fato de não terem ensinado a ética do dinheiro ao filho.

3. ADOLESCENTE DESVIANDO VERBA

O desvio de verbas ganha maior visibilidade e gravidade quando os filhos adolescem, pois surgem vontades próprias e os gastos naturalmente aumentam. É preciso, mais que na infância, que se negociem todos os gastos e se exija a educação financeira.

Os DESVIOS DE VERBA podem ser praticados pelos jovens de diversas maneiras:

- não devolvendo o troco;
- aumentando o numerário de uma despesa como combustível de carro, compras feitas para a casa, não apresentando comprovante de pagamento;
- assinando vales-refeições ou outras despesas não feitas que o jovem retira em dinheiro vivo em locais "conveniados" com a família (clubes, posto de gasolina, padarias) etc;
- justificando gastos indevidos com despesas aceitas.

Os pais podem perceber a existência desses desvios porque aparecem em casa materiais e despesas de locais de diversões e programas do interesse do filho.

Como suas vantagens podem continuar aumentando, e os familiares não mais acreditam que somente a mesada sustenta tudo, o jovem pode passar a mentir, se a sua própria consciência não exigir dele uma mudança de atitude.

Mas, se os pais realmente estiverem interessados, em vez de se desgastarem para que o filho conte a verdade, devem passar a rastrear o dinheiro, controlando melhor tudo o que passa pelas mãos desse jovem, exigindo o troco, cortando os "convênios" etc.

Os pais podem verificar se suas medidas estão dando resultados positivos quando o filho começa a mudar seu comportamento como um todo em casa. Ele fica mais aberto e leve, pois não mais precisa esconder o lado ilegal da sua vida, permanece mais tempo em casa, seus amigos "beneficiários" dessas "vantagens" não o procuram mais.

4. PEQUENOS FURTOS EM CASA: DROGAS?

Mas se o filho continuar com a vida de vantagens, mesmo com a família toda controlando o fluxo de caixa, é preciso um trabalho de pesquisa mais profundo e detalhado para descobrir de onde vem a receita do filho.

Uma das primeiras atitudes que o filho toma é vender os próprios pertences. Seu quarto começa a esvaziar. E, se nada reaparece, seus objetos estão sendo consumidos.

Na gíria se diz que o relógio **virou droga** quando alguém o entrega para receber a droga. Assim um relógio, um celular, um CD podem virar droga. O "virar" passa a ser uma negociação facilitada para a obtenção da droga, pois o usuário não precisa encontrar um receptador para os seus produtos.

A **síndrome da abstinência** é o conjunto de sofrimentos provocados pela falta da droga. Para quem está sofrendo, aliviar-se da dor não tem preço. Essa é a grande vantagem do traficante, que faz um valioso relógio "virar" uma dose de droga.

> **Ninguém dá nada de graça a ninguém, muito menos o traficante dá a sua mercadoria ao usuário. Poucos vendem fiado. Mas, se venderem, os encargos diretos e indiretos são altos, pois os traficantes buscam cruelmente os pais dos devedores.**

Quando o jovem não tem mais pertences seus para "virar" droga, ele começa a levar os pertences da casa. É quando começam a sumir objetos, bebidas, joias, dinheiros guardados (reais, dólares, euros etc.) em casa.

Nessas alturas, o filho já começa a apresentar grandes modificações comportamentais, alterações do ritmo e das atividades do cotidiano, queda de rendimento intelectual e afetivo, mudanças na qualidade de relacionamentos familiares e sociais.

Quando existem tais alterações comportamentais e nada some de casa, o risco grande é de o filho estar traficando. O tráfico é um dinheiro fácil de conseguir, mas o risco é muito grande, pois o filho cai na categoria de traficante, que, pela lei, incide em um crime inafiançável.

5. PIRATARIA NA INTERNET

A INTERNET é um excelente instrumento para tudo: para o bem e para o mal. São os valores superiores que fazem a diferença entre as duas direções.

Os conectados, não importa a idade, têm o poder quase mágico de visitar o mundo, de conversar com as pessoas em qualquer país, de comprar o que quiserem, de fazer movimentações financeiras, de adotar diferentes personalidades sentados nas suas cadeiras dentro de sua casa.

O mau uso da internet acontece quando, para obter vantagens pessoais, os usuários lesam pessoas ou empresas, sem que estas percebam logo de início; quando percebem, já foram lesadas. O dinheiro, as ideias, os segredos profissionais de suas vítimas são roubados silenciosa, abstrata e rapidamente por anônimos *hackers* cuja única arma é o conhecimento e cuja base é a falta de ética.

Muitos desses *hackers* são adultos jovens e outros são profissionais da informática. Muitas vezes seus próprios pais ou familiares não sabem por onde eles viajam nem o que fazem pela internet. Mas os produtos desses ciberroubos logo aparecem materialmente nas casas desses *hackers* do mal.

> **Embriagados pela onipotência internáutica, os *hackers* do mal sentem o poder de realizar tudo o que quiserem, facilitados pela impunidade do anonimato. A tela está branca para ser preenchida pelo teclado e realizar todos os desejos, mesmo os insanos.**

Hoje existem os "seguranças da internet", que são contratados para evitar esses roubos, do mesmo modo como são contratados seguranças presenciais para proteger as pessoas. Uns poucos são pegos, enquanto muitos outros ficam impunes.

6. CYBERBULLYING

Assim como existem os ciberassédios sexuais e morais, existe entre os púberes e jovens o **cyberbullying**.

O *cyberbullying* é o assédio moral no qual se usam a violência, o preconceito, a exclusão que discriminam uma vítima, geralmente um colega de escola, focalizando cruelmente uma diferença racial, religiosa, cultural, física e/ou funcional.

A violência física é a grande diferença entre o *bullying* presencial e o virtual. Geralmente os assediadores presenciais acabam complementando seus assédios usando a internet. Portanto, não fica muito difícil identificá-los, já que as vítimas geralmente sabem quem as maltrata.

As vítimas do *cyberbullying* funcionam psicologicamente como as do *bullying* presencial, isto é, pelas dificuldades que sentem para reagir, elas se recolhem, não mais querendo ir à escola, sofrendo uma baixa muito grande na sua autoestima, trazendo alterações comportamentais e diminuindo bastante o seu rendimento escolar e afetivo.

Os jovens sofrem calados, engolindo tudo. Os adolescentes ficam com vergonha de pedir ajuda, pois acreditam que têm que resolver sozinhos esse problema. As garotas chegam às vezes a pensar em suicídio, e os rapazes, em vinganças com armas.

Como em qualquer situação de assédio, é preciso que se torne pública a existência do *cyberbullying* para que o problema seja resolvido. Os pais das vítimas deveriam ir à escola e pedir ajuda aos diretores, orientadores, coordenadores de ensino e até mesmo aos professores em cujas aulas ocorre o *bullying*.

É preciso que os responsáveis pela disciplina nas escolas levem em consideração, ao avaliar desde uma discussão até uma briga física, a possibilidade de existência de *bullying*.

Também é preciso que os pais conversem seriamente com as vítimas para que sejam identificados seus assediadores e medidas de proteção sejam tomadas. Os assediadores se alimentam da falta de reação de suas vítimas e da permissividade dos adultos aos que praticam o *bullying*.

PARTE 4

AVÓS ANALÓGICOS, PAIS ANALÓGICO-DIGITAIS, FILHOS DIGITAIS...

CAPÍTULO 1
Necessária evolução do analógico para o digital

MOSTRADORES QUE marcam horas com os ponteiros, conta-giros do motor, velocímetros, medidores, em geral do carro, colunas coloridas que preenchem cursos predeterminados nas direções, principalmente horizontais e verticais, que mudam de cor ou marcam o nível do avanço ou recuo do que está sendo medido etc., são analógicos.

Digitais são os números medidores sem nenhuma escala, ponteiros ou colunas, que marcam com altíssima precisão de até milésimos de unidades. Atualmente, são usados por computadores em geral. Nos carros, os números que demonstram sua distância percorrida, parcial ou total, são mostradores, mas não significa que sejam digitais, porque seu mecanismo funcional é analógico. A precisão ocorre por conta do que cada número representa. Um carro, cujo hodômetro indica um quilômetro rodado, não demonstra quantos metros foram percorridos entre uma e outra medida. Se estamos a 79 km/h, significa que não atingimos os 80 km/h, mas não sabemos se estamos a 79,1 ou 79,9 km/hora. O hodômetro marca por centenas de metros, ou seja, os 79,9 km/hora representam que faltam 100 metros para se chegar aos 80 km/h, mas não sabemos onde estamos entre os 79,91 ou 79,99 km/hora.

Para uso comum nas dimensões a que os analógicos estão acostumados, quase não interessa saber o que ocorre em décimos de segundos. Quando se trabalha em dimensões de átomos e moléculas, isto é, no mundo da nanotecnologia, um milionésimo de segundo é importante.

238 · ADOLESCENTES: QUEM AMA, EDUCA!

Acompanhe estes resultados com as tomadas de tempo para a classificação do GRID do Grande Prêmio do Brasil de Fórmula 1, ocorrida em 1º de novembro de 2008, em Interlagos:

1º	Felipe Massa (nasceu em 1981)	1 min	12 seg	368 milésimos de segundo
2º	Jarno Trulli (nasceu em 1974)	1	12	737
3º	Kimi Raikkonen (nasceu em 1979)	1	12	825
4º	Louis Hamilton (nasceu em 1985)	1	12	830
5º	Heikki Kovalainen (nasceu em 1981)	1	12	917
6º	Fernando Alonso (nasceu em 1981)	1	12	967

Em 599 milésimos de segundo, um pouquinho mais que meio segundo, passaram seis carros F-1 a mais de 300 km/h.

Para brincar com a imaginação, transcrevo alguns recordes de velocidade em veículos tripulados:

◉ Em 2007, o automóvel SSC Ultimate Aereo alcançou 412,28 km/h (113 m/seg), em West Richard, WA, EUA, e o trem francês TGV atingiu 574,8 km/hora (160 m/seg), na França, e levou 32 km para parar. Para parar em razoáveis 8 km, esse trem corre comercialmente de 300 a 320 km/h. Em 1969, o *Apollo 10*, voltando da Lua, tornou-se o veículo tripulado mais rápido do mundo, a 39.896 km/h (11 km/seg)[1].

◉ Em 1968, Neil Amstrong (nascido em 1930), comandante do módulo lunar *Eagle*, foi o primeiro homem a pisar na Lua, o satélite da Terra, a 384 mil km, num projeto iniciado em 1962 pelo presidente John F. Kennedy, dos Estados Unidos. Neil então disse ao mundo: "Foi um pequeno passo para o homem, um gigantesco salto para a humanidade". Esse feito

1 Estes três dados constam do http://www.descealenha.com/index.php/os-15-maiores-recordes-de--velocidade/, visitado em maio de 2010.

foi visto por 1,2 bilhão de pessoas no mundo inteiro, que tinha então 3 bilhões de habitantes[2].

Com tantos avanços tecnológicos, não havia como aferir o tempo exato se também não se avançasse o sistema de medição do tempo. Então surgiu a leitura digital e, com ela, os cronômetros digitais que aferem com precisão os milésimos de segundos.

⊛ "Os relógios digitais foram fruto da inspiração da ficção científica. Em 1968, a Hamilton Watch Company concebeu um relógio digital para o filme *2001: Odisseia no Espaço*, e dois anos depois, sugerido pelo toque futurista que o filme inspirava, lançou o relógio protótipo, "Pulsar". Em 1972, era lançado comercialmente o primeiro relógio digital..."[3]

Quando uma pessoa olha para um relógio analógico, não precisa ficar fazendo cálculos, como no digital, pois o cérebro se acostumou a processar automaticamente, com uma única visão, todos os dados pessoais necessários: o período do dia, o tempo decorrido desde que começou a trabalhar, quanto tempo falta para completar uma hora fechada, se ela está atrasada, adiantada, ou no tempo certo. Talvez quem já tenha nascido na era do relógio digital já consiga também obter os mesmos dados do analógico só com uma olhada nos números do mostrador digital.

Os que já eram acostumados com a leitura analógica tiveram que reeducar seu cérebro, fazendo as contas mentalmente. Houve uma época em que alguns mostradores de relógio traziam ponteiros analógicos apontando os números e também um quadro mostrando exatamente os números das horas, dos minutos e dos segundos.

---

2 Dados colhidos em maio de 2010 no http://www.universitario.com.br/noticias/noticias_noticia. php?id_noticia=8009.
3 http://relogiolandia.com/artigos/relogios-digitais-sentido-pratico-tempo, visitado em maio 2010.

O computador outra vez supera o cérebro humano ao conseguir registrar com alta precisão, contando os milésimos de segundo, a velocidade de um carro de Fórmula 1. Chamo atenção para o circuito eletrônico integrado que faz a leitura da velocidade, transforma-a em impulsos que, chegando aos mostradores, são retransformados em números. Isso tudo em tempo muito menor que milésimos de segundos...

O nosso cérebro teve que se adequar às novidades funcionais. Entretanto, a mente tem o costume de manter o que conhece e só mudar quando tem segurança para tal. Portanto, a mente mantém o hábito antigo enquanto ele estiver dando bons resultados. Todas as pessoas saudáveis acreditam que fazem o melhor que podem, porém basta saber que existe algo melhor para que a mente queira aderir. É necessário, porém, que a pessoa deseje assimilar o novo.

CAPÍTULO 2

Diferentes gerações

1. IMPORTANTES CONSIDERAÇÕES PRELIMINARES

PARA FACILITAR DIDATICAMENTE a compreensão das gerações, elas foram classificadas conforme as datas de seu nascimento. Assim, a geração X tem pessoas nascidas entre 1960 e 1980, a geração Y, entre 1980 e 1999 etc. Entretanto, não é a idade das pessoas que determina a geração, mas as características de seu funcionamento psicológico e comportamental. Tais características são as que uma pessoa adquire após o nascimento, conforme a educação recebida, e o que a sociedade, a cultura e as condições de vida lhe oferecem. Cada raça e cada povo tem traços físicos e comportamentais inatos comuns, mas não idênticos entre si. O que nos diferencia são as aquisições individuais, tornando-nos únicos no mundo.

A cultura de uma professora do ensino fundamental é diferente da de seu irmão analfabeto, mesmo que tenham os mesmos pais, vivam numa mesma região e na mesma época. Assim, também, tanto uma pessoa pode ter nascido entre 1980 e 1999 e não pertencer à geração Y, quanto outra pode ter nascido fora desse período e pertencer à geração Y. Hoje, sabe-se que a hereditariedade funciona tanto genética quanto memeticamente. *Memes* são unidades de herança cultural[4].

Para mim, o que caracteriza uma geração não são somente a data do nascimento e as características adquiridas após seu nascimento, mas também as que acabam determinando o seu modo de pensar, de ser e de se comportar. Torna-se claro, porém, que os nascimentos em datas próximas podem favorecer a formação de tribos comportamentais, conforme o que apreendem das condições ambientais ao seu redor.

Quando os cromossomos do pai de juntam aos da mãe, temos um par de cromossomos, que carregamos dentro de cada um de nós. Essa junção forma os sinais exteriores dessa herança genética, chamada fenótipo. Ter pernas longas é um fenótipo. Se necessitássemos de pernas longas para correr dos leões, os que têm pernas curtas seriam devorados e não teriam filhos para perpetuar a espécie. Assim, seriam perpetuados os filhos de pernas longas e mantida essa evolução da espécie.

Uma forte hipótese hoje é que os *memes* que não têm correspondência biológica material como os genes transmitam uma herança cultural que facilite a "fuga" dos leões.

Assim, uma geração serve de base para outra, quer genética, quer memeticamente. Essa geração Y herdou uma facilidade cul-

---

4 Daukins, Richard. **Deus: um delírio.** São Paulo: Companhia das Letras, p. 253.

tural preparada pela geração X. Nessa herança, deve ter sido aperfeiçoado também o acesso ao mundo virtual. Esse virtual foi aprendido pelas gerações anteriores e facilmente avançou para as vindouras. Não é à toa que a geração M é multiconectada.

Aqui cabe uma analogia com o sotaque de quem aprende um idioma depois da adolescência. Um estrangeiro pode falar o português correto, mas pode também trazer o sotaque comum às pessoas que falam o mesmo idioma. Assim também há migrantes "com sotaque" no mundo virtual e os que navegam sem sotaque, pois já nasceram nele. O que caracteriza o ser humano são as exceções que contrariam as regras. Há pessoas que falam diversos idiomas, mesmo os aprendidos "depois de velhas", e que têm pouco ou nada de sotaque. Também encontramos pessoas da geração Y que não se sentem tão à vontade no mundo virtual, ao contrário de outras, de gerações anteriores.

Atualmente, há muitos ambientes onde convivem cinco gerações: Belle Époque, Baby Boomers, gerações X, Y e M, a mais recente. Não é mais uma questão de certo ou errado, mas sim de diferenças. Não é uma questão de confronto, mas de conflitos de interesses a ser resolvidos. Quanto mais as diferenças forem trocadas, absorvidas, assimiladas e praticadas, mais ricas se tornarão as pessoas. A sociedade melhorará sua qualidade de vida como um todo e a grande beneficiária será a humanidade.

2. SUCESSÃO DE GERAÇÕES

DIANTE DE UMA NOVIDADE que leve a mudanças, segundo Sidnei Oliveira[5], uma pessoa apresenta seis reações: *negação, resistência, exploração, aceitação, envolvimento e comprometimento*. Nesse mesmo livro, Oliveira faz uma brevíssima menção às eras:

---

5 Oliveira, Sidnei. **Geração Y: O nascimento de uma nova geração de líderes.** São Paulo: Integrare, 2010.

1. *da Agricultura (até 1776)*: o poder estava na posse da terra;
2. *do Artesanato (até 1860)*: o poder estava na força do trabalho;
3. *da Indústria (até 1970)*: o poder estava no capital;
4. *do Conhecimento (até 2000)*: o poder estava na informação;
5. *da Conexão (desde 2000)*: o poder está na conectividade.

Oliveira escreve ainda, de forma sucinta, porém altamente esclarecedora e instigante, quais são as tentativas de entendimento das pessoas conforme as suas idades, o sequencial das últimas gerações e algumas de suas peculiaridades: *Geração Belle Époque*; *Baby Boomers*; *Geração X*; *Geração Y* e *Geração das Conexões*. De seu livro, selecionei alguns fatores e acrescentei outros dados.

3. GERAÇÃO *BELLE ÉPOQUE*
Nascidos entre 1920 e 1940

* os autores desta época retratavam realidades idealizadas, sem relação com o cenário real;
* sofreram a Grande Depressão econômica;
* as famílias emigraram buscando trabalho e fugindo da intolerância política provocada pela 1ª Guerra Mundial (1914-1918);
* poucas alternativas para educar os filhos;
* a segurança estava na carreira militar ou em trabalhar nas indústrias;
* reconstruir a sociedade na estrutura social e econômica, formando famílias próprias, trabalho e educação de filhos;
* trabalho árduo com muita dedicação e muito sacrifício;
* fidelidade ao trabalho e ao casamento, que era "até que a morte os separe";
* respeito às regras, à hierarquia e às autoridades;

- na família: o pai trabalhava para prover a casa; a mãe cuidava dos filhos e da casa; os filhos tinham que estudar para "ser alguém na vida";
- início dos "Anos Dourados": eram importantes a disciplina, a honra, o respeito e a organização.

4. GERAÇÃO *BABY BOOMERS*
Nascidos entre 1945 e 1960

- Foi a época da euforia mundial pelo cenário positivo pós 2ª Guerra Mundial (1939-1945);
- grande número de filhos com disciplina e valores familiares;
- trabalho significava conquistas e trazia gratificação e crescimento pessoal, investindo em saúde e bem-estar;
- roupas: rapazes com cabelos curtos e moças com lacinhos de seda nos cabelos e saia abaixo dos joelhos;
- jovens se rebelaram com *rock and roll*;
- Nos "Anos Dourados", os pais, com sua disciplina e rigidez, puniram severamente contestações, o que instigou os jovens à rebeldia:

  - cabelos compridos, fumar, sexo fora do casamento, roupas justas;
  - no cinema: James Dean (1931-1955) era o ícone da "juventude rebelde";
  - música: Elvis Presley (1935-1977); The Beatles (chegaram aos EUA em 1960 e separaram-se em 1970), John Lennon (1940-1980), Paul McCartney (nascido em 1942);
  - Lema: "Não confie em alguém com mais de 30 anos";

- O disco de vinil surgiu em 1948, tornando obsoletos os antigos discos de goma-laca, de 78 rotações, utilizados desde

1890, com uma canção em cada face. Os discos de vinil eram mais leves, maleáveis e resistentes a choques, quedas e manuseio, reproduziam um número maior de músicas e tinham maior qualidade sonora.

5. GERAÇÃO X
Nascidos entre 1960 e 1980

- Os Baby Boomers, quando adultos, se rebelaram contra tudo relacionado a seus pais e presenciaram grandes assassinatos: John F. Kennedy (1917-1963), presidente dos Estados Unidos; Robert F. Kennedy (1925-1968), ministro da Justiça dos Estados Unidos da América; Martin Luther King, Jr. (1929-1968), pastor protestante e ativista político; El Hajj Malik El Shabazz, mais conhecido como Malcolm X ou Malcolm Little (1925-1965), um dos maiores defensores dos direitos dos negros nos Estados Unidos.
O nome desta geração veio do Malcolm X.
- Guerra do Vietnã (1964-1975).
- A Guerra do Vietnã teve um custo aproximado de 250 bilhões de dólares e foi uma das maiores tragédias da história do século XX e, sem dúvida, o maior fracasso militar da história dos Estados Unidos, provocando a morte de 58 mil americanos e ferimentos graves em mais de 300 mil. Do lado vietnamita, foram mais de 3 milhões de mortos e outros milhões de feridos[6].
- Fidel Castro (nascido em 1926) ficou 49 anos no poder de Cuba, de 1959 a 2008.

---

6 Conforme http://www.historianet.com.br/conteudo/default.aspx?codigo=259, em visita feita em maio de 2010.

246 · ADOLESCENTES: QUEM AMA, EDUCA!

Marcaram a geração X outros grandes acontecimentos:

- perseguições políticas a jornalistas, religiosos que criticavam o regime e descrença nas lideranças políticas e familiares;
- movimentos *hippies* e greves estudantis: cabelos compridos, roupas coloridas, experiências mais intensas; tudo em excesso;
- importância da televisão como "babá", moldando rotinas e comportamentos diários. Ver televisão poderia ser prêmio por bom comportamento, e sua privação, castigo;
- palmadas e chineladas foram trocadas pelo castigo de ficar sem ver televisão;
- no Brasil: filmes e desenhos superficiais: *Speed Racer, Flintstones, National Kid, Ultraman, Jeannie é um gênio*;
- relacionamentos superficiais: "ficar" e separações representando liberdade de escolhas na busca de felicidade;
- o divórcio deixa de ser vulgar ou escandaloso;
- danceterias e formação de grupos jovens conforme estilos musicais;
- o Walkmann foi inventado em 1972 pelo filósofo brasileiro Andreas Pavel (nasceu em 1945). Em 1977, patenteou o invento com o nome de Stereobelt, na Itália, e em 1978, na Alemanha, Inglaterra e Estados Unidos. Poucos meses depois, a Sony lançou no mercado o Walkman, que vendeu mais de 200 milhões de unidades[7]. Hoje, o Walkman já foi praticamente devorado pelo iPod;
- Em 1972, foi lançado o game Pong em console, que reinou absoluto até 1977, quando surgiu o primeiro console portátil, o Atari VCS (Video Computer System), líder do mercado até 1980, quando a Sega lançou o Master System. Em 1990, surgiu no mercado o Game Boy Nintendo. Em 2000, apareceram inovações que tomaram o lugar do Atari[8].

---

7 Dados colhidos em maio de 2010 do site http://www.esbr.com.br/view.php?acao=278&id=3.
8 Dados do site http://www.baixaki.com.br/download/pong.htm, visitado em maio de 2010.

6. GERAÇÃO Y

Nascidos entre 1980 e 1999 (a antiga União Soviética definia a primeira letra dos nomes dos bebês conforme os anos em que nasceram. Para os nascidos em 1980 e 1990, a letra da época era o Y, que deu origem ao nome desta geração).

- Já nasceram familiarizados com o inglês pelos videogames, internet, filmes, músicas.
- Querem saber também uma terceira língua (espanhol, mandarim chinês, alemão, francês), além de querer arranhar o idioma dos ancestrais estrangeiros.
- Cuidam da aparência física, da saúde e do corpo, com a alimentação balanceada e saudável.
- Praticam esportes, como artes marciais e fisiculturismo, a maioria preferindo academias com *personal trainer*.
- De telespectadores passivos, passaram a usuários ativos de televisão com centenas de canais, com suas programações especializadas e telas multiuso para assistir a filmes, conectar-se ao computador e usar videogames sofisticados, como Playstation, Wii etc.
- Os videogames acostumam a mente a funcionar em busca de **desafios**, de **evolução** pelas fases, de **reconhecimento** pela soma de pontos, instigando a **competitividade** pelo placar dos recordes e jogos de internet interativos conectáveis 24 horas por dia com amigos e/ou desconhecidos, interagindo com o todo o planeta.
- Postergam quanto possível o casamento formal, mas apressam-se em querer morar juntos.
- Muito autônomos, não aceitam ordens prontas dos pais em casa nem do chefe no trabalho.
- Precisam ser reconhecidos e recompensados nos seus esforços pessoais quase que diariamente.

- Alimentam-se de *feedbacks* para reforçar que estão no caminho certo.
- Minimizam perdas, sem tempo para luto, porque, quando falha o plano A, têm sempre um plano B à espera.
- Descartam o que não lhes serve sem lhes deixar saudade.
- Formalidade nos relacionamentos e na vida social e hierarquia em casa ou no trabalho são itens que não constam de seu padrão de comportamento, o que não significa falta de respeito, mas um viver mais livre e à vontade.

A. FAMÍLIA DA GERAÇÃO Y

- Muitos têm pais separados, vivendo com tios ou em novos casamentos dos pais; portanto, são bastante flexíveis.
- Pais com "meus, seus e nossos" filhos, que, por sua vez, são irmãos, meio-irmãos e irmãos postiços; nessas famílias, não é raro os filhos desautorizarem adultos com um sonoro e desafiador "Você não é meu pai (ou mãe)!".
- Sempre tiveram o pai mais ausente, mas agora a mãe também está mais ausente, por causa do trabalho.
- O pai sempre foi provedor único, mas agora a mãe também é importante provedora.
- A carreira profissional é preocupação tanto própria quanto dos outros.
- As mulheres (mães, filhas, noras, tias, avós) estão assumindo mais sua autonomia e independência dentro e fora de casa, viajando sozinhas a trabalho ou com amigas para viagens nacionais e internacionais.
- Os pais compensam sua ausência, provendo os filhos de boas escolas, bons cursos e atividades extracurriculares, a fim de dar-lhes melhor qualificação para o mercado de trabalho.

- Pais dispostos a bancar cursos e estágios no exterior, principalmente para falar mais idiomas e cursar MBAs.
- Presença dos jovens avós, que entram com ajuda financeira, convivência e ajudam na educação dos pequenos.
- Os avós, principalmente os avôs, ainda estão trabalhando.
- Pais preocupados com filhos adultos jovens formados e capacitados que ainda moram em casa porque não encontram trabalho remunerado.
- Filhos maiores dormindo com seu namorado(a) em quartos contíguos aos dos pais.
- Adolescentes, ainda não namorando, já pedem aos pais cama de casal para si, principalmente quando são os únicos a habitar o quarto.
- Filhos menores vivendo mais no quarto do que em casa.
- Cada quarto tem um computador, um aparelho de som, uma televisão, um telefone fixo, um telefone celular, um aparelho de DVD, além da cama e do armário; alguns já pedem um frigobar.
- Diminuição do número de filhos, com considerável presença de filhos únicos.
- Filhos mais conectados com pessoas fora de casa do que convivendo com os próprios familiares.
- Filhos mais informados, mas menos pragmáticos que os pais.
- Filhos interferindo nas compras, tanto para consumo diário como para bens duráveis.

B. GERAÇÃO Y NO MUNDO CORPORATIVO AINDA DOMINADO PELA GERAÇÃO X E BABY BOOMERS

- têm um perfil diferente de trabalho com os mais antigos;
- adoram ser reconhecidos por seus feitos (afinal, sempre conseguiram bons pontos nos videogames a cada jogada bem-feita);

- não suportam ganhar o mesmo que o companheiro do lado, quando acreditam que trabalham mais ou melhor;
- os *feedbacks* dos outros são sempre bem-vindos (parecem resquícios das provas que os alunos refazem com os seus professores particulares, quando então conseguem acertar as questões[9]);
- são muito informados, mas não sabem lidar com essas informações de forma produtiva;
- são bastante conectados em seus relacionamentos sociais e profissionais, mesmo que estejam em diferentes áreas e departamentos, ou até mesmo em outros países;
- mantêm seu networking atualizado, principalmente com os amigos e ex-colegas de trabalho e escolas;
- sua rede de relacionamentos tem presença de estrangeiros, amigos fora do país ou longe de casa, desconhecidos e até amigos de amigos seus;
- apesar de bastante individualistas, adaptam-se facilmente ao trabalho em grupo, principalmente com outros Y;
- gostam de compartilhar resultados;
- quase não largam o fone de ouvido, geralmente conectado a um MP3, e não desgrudam de seu celular multiuso.

C. COMO OS "Y" ESTÃO SENDO VISTOS PELOS "X" E BABY BOOMERS

- fazem muitos questionamentos, mas não ouvem até o fim;
- não gostam de respeitar chefes, regras, hierarquias e horários;
- não entendem que "a vida é dura";
- demonstram facilmente ansiedade e impaciência.

9 Os professores particulares lhes dão *feedbacks* a todo instante, guiando-os às respostas corretas através da comunicação verbal ou extraverbal. Nas provas escolares não há *feedbacks* durante a prova.

- seus pensamentos e ideias são superficiais;
- suas decisões e escolhas são ambíguas e transitórias;
- não são confiáveis, pois não cumprem o que prometem e abandonam os compromissos, sem pensar nas consequências; basta que não se sintam motivados nem "desafiados", ou quando se distanciam de sua carreira;
- são super bem informados, mas um tanto alienados, portanto, pouco efetivos na produção;
- não apreciam reuniões formais e são loucos para ficar na frente da telinha com as mãos no teclado e iPod nos ouvidos;
- não gostam de escrever à mão e ignoram datilografia, mas digitam muito bem.

D. ADULTOS BABY BOOMERS E "X" CONSEGUINDO O MELHOR DOS "Y"

As PESSOAS que estão no poder hoje (geração Baby Boomers e geração X: pais, educadores, profissionais, políticos, religiosos etc.), se quiserem conseguir o melhor desta geração Y, precisam conhecer alguns de seus traços funcionais mais marcantes:

A. O "Y" GOSTA DE SER RECONHECIDO

O "Y" recebeu desde criança *feedbacks* em tudo o que fez, com o objetivo de se superar e se diferenciar de outras crianças. Não lhe cai bem um *feedback* não real, sem mérito, só para ser agradado. Agrados sem méritos não têm valor para sua autoestima. Os sucessos não devem passar em branco, deve haver pequenas tolerâncias a falhas sem grandes significados. É como em seu videogame: os acertos são recompensados (reconhecidos), estimulando-o a enfrentar novos desafios.

Fornecer *feedbacks* ao "Y" não é uma adulação ou generosidade dos mais velhos, mas uma qualidade que agrega valores principalmente a quem está habituado a isso. Um exemplo é quando um aluno ia mal nas provas na escola mas, com um professor particular, melhorava. Nas provas escolares não há *feedbacks* sobre o caminho que o aluno está tomando. Já o professor particular emitia um som, um balanceio de cabeça, um olhar cada vez que o aluno errava, e este, automaticamente, procurava uma nova rota. Não era só a falta de estresse que fazia o aluno ir bem, mas também o *feedback* do professor.

B. O "Y" ADORA A INFORMALIDADE

Com adultos ao seu redor voltados às contestações e ordens estabelecidas em busca de liberdade individual, parece que é o Y que atinge essa realização. Os filhos usufruem das lutas dos pais. O dia da maior alegria dos estudantes era quando se dispensavam o uniforme e os aventais. Era uma farra para os olhos, uma exposição de corpos e roupas a ver e ser vistos, numa adorada liberdade de expressão.

Para o "Y", cantar o *Hino Nacional*, entrar em fila nas próprias salas de aula, sendo vistoriados e vigiados por bedéis atentos aos uniformes, asseio e comportamento, tudo virou folclore do passado. O maior sonho era ir à escola conforme quisesse, poder conversar com os professores, sem que isso representasse desrespeito ou bagunça, mas sim um sinal de liberdade pessoal. O "Y" é o sonho do adolescente escolar das gerações passadas.

Não foi só o uniforme escolar que caiu, mas também a gravata e o paletó no trabalho. Estar mais informal, tanto no relacionamento quanto na vestimenta, não significa falta de respeito ou menor competência, mas um modo diferente de ser. Assim, um chefe ou um supervisor ser chamado pelo nome faz parte da informalidade, e não é um desrespeito.

Essa informalidade mostra uma mente flexível e um sentir-se à vontade, até mesmo um prazer, com o que faz. Na busca do emprego, sentir-se bem, fazer o que quer, alimentar a carreira, enfrentar desafios e construir um belo *networking* são requisitos fundamentais procurados pelo "Y".

C. O "Y" É VISTO COMO INDIVIDUALISTA

Os Baby Boomers tinham vários irmãos e poucos quartos, simbolizando que tudo (quarto, telefone, brinquedos, televisão, roupas etc.) era dividido entre mais irmãos. Os "X" tinham poucos irmãos, portanto o divisor diminuía, o que aumentava o cociente para cada filho, ampliando a exclusividade (ou individualismo) em casa. Os Y são filhos únicos ou têm pouquíssimos irmãos, em mais quartos na casa, ou seja, quase tudo para cada um deles, o que preserva seu individualismo.

Frequentemente, até alguns filhos são educados como filhos únicos: se são três, de sexo diferente, com diferenças de idade ou de temperamento, são tratados como únicos. A síndrome do filho único é uma das principais reflexões do meu livro *Família de Alta Perfomance: Conceitos Contemporâneos na Educação*.

Esse individualismo não tem nada a ver com egoísmo, arrogância ou prepotência, mas sim com um interesse tão pessoal que ele sabe ser único praticamente desde que nasceu. Os pais tudo fizeram para que assim fosse: único, vencedor, melhor que os outros, melhores cursos, melhor celular, computador com todos os avanços e recursos, com caminho próprio para atingir o sucesso e ser feliz.

Não é à toa que o "Y" sente necessidade de compartilhar relacionamento virtual com amigos, pois não quer perder nada, nem nacional nem muito menos internacional. Individualista em seus projetos, precisa saber como estão os outros para se referenciar. Pertence a várias comunidades no Orkut, Facebook, Myspace, Twitter e outros sites de relacionamento. Suas redes sociais são tão importantes que os parentes mais velhos acabam se ressentindo, principalmente os pais que convivem diariamente com seus "Y".

D. O RELACIONAMENTO VIRTUAL É SUPER IMPORTANTE PARA O "Y"

O "Y" pertence à geração mais conectada do mundo de todos os tempos, tanto em qualidade quanto em quantidade. Dessa maneira, o planeta Terra ficou pequeno, pois o tempo, a distância, a política e os idiomas que separavam as pessoas e os povos ganharam novos dimensionamentos.

Os amigos podem se falar em tempo real, não importa onde estejam, qual língua falam, como se estivessem conversando e se olhando pessoalmente. Nesse momento, é possível conversar com um jovem muçulmano que está no Paquistão, falando em urdu, um dialeto hindu, via Facebook, desde que ele seja aceito por um dos membros do grupo. Não entende urdu? Muito simples: basta acessar o tradutor Google, que traduz e verte textos de 57 idiomas.

Esse mundo virtual dá ao "Y" a sensação de pertencimento ao grupo com quem se relaciona. Suas antigas amizades e relacionamentos de diversas atividades, não importam a idade ou a fase da vida, são reavivados por meio de:

* troca de informações, fotos e mensagens atualizadoras;
* compartilhamento de emoções, pensamentos e ações;
* aumento de oportunidades de reencontros pessoais;
* agenda de programações grupais com contatos simultâneos de muitas pessoas;
* agilização de pedidos e ofertas de ajudas mútuas;
* participação na vida cotidiana de cada um;
* debate sobre assuntos pessoais, familiares, sociais, profissionais interessantes, sérios ou bem-humorados;
* comentários úteis, ou pelo simples prazer de bater papos descomprometidos;

- viver a cada instante a alegria da convivência entre pessoas queridas a cada toque no computador;
- esteja onde estiver, nunca estará sozinho, seja a hora que for. Mesmo estando no meio da família, ou na frente de outras pessoas, o "Y" pode estar fisicamente sozinho à frente de uma tela, mas internamente conectado ao mundo.

E. O "Y" GOSTA DE TRABALHAR EM EQUIPE

Num trabalho individualizado, o "Y" gosta de sentir que há mais gente com ele, participando, torcendo, dando *feedbacks*, fornecendo dados que lhe faltam, ajudando-o a situar-se com outros trabalhos e grupos.

O "Y", no entanto, não gosta de ser comparado com outros, não importa se positiva ou negativamente, pois **cada um é um**. Ao mesmo tempo, traz em si uma preocupação social com o futuro do planeta Terra.

O "Y" não aguenta muito tempo sentir-se isolado e estar longe de grandes projetos e ações que ajudem a vida social. Quando motivado e interessado, empenha-se a fundo, sempre com parceiros, e nem mesmo um bom emprego ou uma boa universidade o detêm. É o que Mark Zuckerberg, nascido em 14 de maio de 1982, fez acontecer em sua vida. Mark foi fundador do Facebook, do qual é CEO. Para pais preocupados com filhos que não terminam a faculdade, Mark seria um prato cheio, pois foi até acusado pelo Conselho de Administração de Harvard de infringir regras de segurança na internet e de privacidade e propriedade intelectual. A revista *Forbes* relacionou Mark como o mais jovem bilionário, com uma fortuna de 1,5 bilhão de dólares. Em 2008, a página do Facebook do candidato à Presidência dos Estados Unidos, Barack Obama, chegou a ter mais de 14 milhões de acessos num único dia[10].

---

10 Dados colhidos em maio de 2010 no site http://www.biografiasyvidas.com/biografia/z/zuckerberg.htm.

As gerações anteriores procuravam marcar compromissos pessoais, agendando datas para encontros, que demandavam tanto esforço, tempo e empenho com disposição e disponibilidade mútuas, que acabavam se realizando com dificuldade. A cada encontro casual com grande alegria, antigos amigos prometiam encontrar-se mais vezes, reunir os colegas da época e acabavam não conseguindo. Os que usam sites de relacionamentos favorecem os encontros entre ex-colegas e antigos amigos com quem há várias décadas não mantêm contatos.

7. GERAÇÕES PELOS PADRÕES COMPORTAMENTAIS

FALO ADIANTE sobre as gerações que são agrupadas mais pelo comportamento semelhante do que pelo ano em que nasceram.

A. GERAÇÃO Z

Qualquer pessoa preencheria as reticências da sequência de letras: "X", "Y"... "Z", tão óbvio é o recurso do alfabeto.

Eu usei pela primeira vez o termo Geração Z vários anos antes de publicar, em 2002, o livro *Quem Ama, Educa!*. Entretanto, embora o Z venha na sequência do X-Y- Z, a letra Z que indica essa geração vem da palavra americana ZAP, traduzida para o português como "zape". *Zap* é a onomatopeia que remete a algo feito rapidamente. Não aprecio a abrasileirização "zape", que rouba o som original. ZAPEAR é mudar constantemente de canal na televisão, à procura de algo sempre mais interessante. O padrão "controle remoto" pegou tanto que hoje há muitos controles em uma mesma casa, provocando uma bela confusão aos menos entendidos.

Não é raro encontrarmos diversos controles remotos em um *home theater* de uma casa de classe média: da televisão, da TV a cabo, do DVD, do rádio, do ar-condicionado, das cortinas etc. A confusão se estabelece quando alguém, por não saber ou por distração, usa o controle remoto trocado. Em lugar de usar o controle da TV a cabo, usa o do canal aberto. Também pode estar usando o controle de um aparelho em outro e achar que acabou a bateria. Se quem descontrola e desorganiza tudo for um adulto, logo apela para o filho, que rapidamente identifica o problema e, com alguns cliques, reposiciona "cada coisa no seu lugar". A paz retorna ao lar e tudo funciona "perfeitamente".

Talvez minha amostra não seja estatisticamente significativa, pois ela provém de famílias que, tendo detectado os sintomas que vou reportar, vieram buscar uma orientação no meu consultório para viver melhor e educar melhor os filhos para o futuro.

Os sintomas mais comuns da geração "Z", que teve a televisão como "babá" eletrônica, são: a passividade diante da vida que lhe corre à frente dos olhos, a dependência que tiraniza a vida dos pais, uma atitude de esperar que "as coisas aconteçam sem mover uma palha", baixo rendimento escolar, baixa tolerância à frustração etc.

Essa geração acompanhou de perto a evolução da tecnologia que chegou às famílias, como na comunicação, som e imagem, mais precisamente em 1977, quando surgiu o controle remoto universal com algarismos, deixando mais complexo o movimento único "para cima e para baixo".

Lembro-me de que as queixas dos pais eram que os filhos se jogavam nas poltronas na frente da televisão, com o controle remoto na mão, e passavam tardes e tardes zapeando. Estes levavam para fora da poltrona essa atitude, tornando a vida dos outros à sua volta um inferno, pois não se podia contar com sua participação em ações da família. Não faziam o que não lhes interessava na hora, mesmo coisas importantes, como estudar, dormir cedo para ir à escola, fazer as lições de casa etc.

Havia uma indolência que levava à tirania para submeter os pais: desmanchado sobre a poltrona, com o controle remoto na mão, grita para à mãe a que nem sabe onde está: "Mãe, me traz um copo d'água!". E lá ia a mãe, interrompendo o que fazia, atender o príncipe. Foi nesse momento que equacionei a vida nessas famílias: "Embaixo de um folgado sempre há um sufocado".

Um zapeador sentia a vida um tanto aborrecida por não ter o que fazer e não gostava de deveres. Isso era *resistência ativa*. Havia também a *resistência passiva*, provocada pelo hábito de mergulhar na poltrona e ver o mundo passar à sua frente.

Quando não gostava do que via, bastava zapear até encontrar algo menos desinteressante. O zapear foi levado para outros relacionamentos. As crianças zapeavam seus brinquedos e suas coleguinhas da escola; os garotos zapeavam as garotas e vice-versa, trocando a pessoa com quem ficava por outra "pessoa-novidade". Esse costume perdurava também na escola, zapeando-se professores e matérias; no trabalho, zapeavam-se os chefes, tarefas chatas e até mesmo o emprego.

O aprender e a sustentabilidade deixaram de ser importantes. Para o "Z", acabava contando mais a quantidade que a qualidade do que fazia. Por tê-los em excesso, seus relacionamentos e interesses acabavam sendo muito superficiais.

O interessante é que o conceito de felicidade havia mudado. Passou a ser feliz a pessoa que tinha o que queria, mas essa felicidade durava até o momento em que desejasse algo novo. Então a felicidade virava sofrimento de querer ter. Quando conseguia possuir algo, seus olhos já buscavam outras novidades. Viviam infelizes pelo que não tinham e não usufruíam do que tinham.

Essa geração "Z" acabou sendo atropelada pela tecnologia, e tanto a internet quanto os iPods, e os jogos eletrônicos acabaram estimulando o lento cérebro dos "Z" que, praticamente, formaram a geração Y.

B. GERAÇÃO TWEEN

Esta geração, como já comentei, é caracterizada mais pela fase que uma criança crescida ou pré-púbere passa de qualquer geração que ficou muito bem observada na geração Y. Esse nome vem do termo inglês **between**, que significa no meio de; entre; entre dois (corta-se o **be** e fica o **tween**). Significa estar entre a fase infantil e a púbere. As pessoas comportam-se copiando crianças maiores, principalmente adotando suas roupas e costumes. Essa geração já foi apresentada neste mesmo livro, na parte 2, capítulo 3, item 5: *Negociação entre pais e Geração Tween*.

C. GERAÇÃO CARONA

Assim eu chamei o grupo de jovens que já estão formados, profissionalmente prontos para o trabalho, mas ainda vivem como se fossem adolescentes em casa. Também foi chamada de Geração Canguru por outros autores, principalmente os americanos. Inclui ainda os filhos adultos que já trabalham e, mesmo tendo condições de morar sozinhos, preferem morar com seus pais, que lhes garantem a confortável mordomia, como se adolescentes fossem. Estudei com maiores detalhes e os resultados já constam deste livro na parte 2, capítulo 3, item 10: *Negociação entre pais e Geração Carona*, e na Parte 3, todo o capítulo 6: *O Terceiro Parto*.

8. GERAÇÃO M

"Tudo ao mesmo tempo agora." Com esse título, um site[11] apresenta uma nova geração nascida ou criada junto com a internet, para a qual o processo de leitura não tem linearidade. São jovens na faixa dos 20 anos ou menos, que desdobram seu *browser* em diversas abas ou janelas, conversam com várias pessoas on-line

---

11 site visitado em junho de 2010: http://www.midiadigital.com.br/blog/midia-interativa/geracao-m-tudo-ao-mesmo-tempo-agora/.

através de um *instant messenger*, ouvem música num MP3 *player* ou veem televisão, tentam estudar ou trabalhar... Tudo isso ao mesmo tempo, além do celular que fica por perto, à espera de qualquer ligação, e que também pode ser usado para acessar a internet e a TV. Esses jovens multiplicam sua atenção para acompanhar, ou tentar acompanhar, a intensa velocidade do mundo moderno. É conhecida como Geração Internet, iGeração, Net-Gen (Net Generation), Geração D (Digital), Geração Agora.

Os nomes são diversos, e talvez por essa mesma diversidade a melhor definição acabe sendo **Geração "M"**: multiatarefados, multiconectados, multiestimulados, multi-informados... Um dos estudos mais sérios, responsável pela criação do termo "Geração M", foi realizado pela fundação norte-americana Kaiser Family em 2005. É compreensível que as gerações mais velhas encarem com certo receio e estranheza tão radical mudança de comportamento. Mas o que no começo é visto como "coisa de adolescente" acabará fazendo parte do cotidiano de qualquer pessoa.

9. MINHAS CONSIDERAÇÕES FINAIS

A ADOLESCÊNCIA É a etapa humana que corresponde à das flores antes de se transformarem em frutos. Os adolescentes existem, atraentes, exuberantes, perfumados, coloridos, agitados, exibidos, gregários, querendo ver e ser vistos.

Flores e adolescentes formam verdadeiros contrastes com suas "plantas" originais, principalmente trabalhadeiras folhas que cumprem silenciosamente sua missão.

Das flores é que se formam os frutos, que têm constituições e finalidades diferentes. Os adultos, que já foram adolescentes, têm uma produção diferente da dos adolescentes. Muitos adultos querem que os adolescentes funcionem como se fossem frutos. E os adolescentes querem que os adultos tenham o mesmo ponto de vista que eles.

Conflitos entre o adulto e o adolescente são naturais e acontecem. O que deve ser evitado é que os conflitos evoluam para confrontos. Os conflitos são progressivos quando deles resultam crescimento e lucro mútuos. As diferenças têm o poder de enriquecer os envolvidos. Confronto é imposição de um ser sobre o outro, que resulta numa submissão de um para o outro manter-se como estava; portanto, além de ser destrutivo, é retrógrado, pois prejudica os envolvidos.

Os avanços tecnológicos deram asas às Gerações Y e M. É como se os jovens ganhassem asas que os distinguissem das demais gerações. É como cavalo que se transforma em Pégaso (o cavalo alado da mitologia grega). Além da força, impetuosidade, beleza, liberdade, vitalidade, o cavalo ganha o poder das asas. Não se coloca arado num *Pégaso*. Ele não é um cavalo comum para puxar arado. Suas asas lhe dão um poder diferente, que não deve ser simplesmente eliminado pelo confronto com o poderoso homem, bípede andarilho. Com o Pégaso, o homem comum pode voar. Com os "Y" e os "M", os pais, patrões e a sociedade podem também voar. Dessa forma, as demais gerações têm muito a ganhar com os arroubos juvenis dessas gerações.

Nos conflitos, os adultos poderiam funcionar como raízes que alimentam os alados, e não como âncora que os prende num local, determinando seus raios de ação. Os jovens alados poderiam levá-los nas costas para dar uns passeios pelo céu, mas que estes não façam piruetas nem voos rasantes, pois vão apavorá-los.

Confrontos e âncoras, por sua vez, são recursos que os temerosos de perder o que foi conquistado usam, na tentativa de congelar somente as asas dos *pégasos* para que permaneçam apenas com o andar, trotar, galopar, ou ainda puxarem seus arados... É quando há confronto que o *pégaso* bate asas e procura seus semelhantes no mundo virtual do SMS, Orkut, Facebook, Twitter, ou seja onde e em que nível for.

O cavalo pode dominar as planícies, mas são os pégasos que descem dos seus voos no cume das montanhas, onde o sol é mais generoso e a visão mais grandiosa. O cavalo sobe ao pódio, ponto mais alto da premiação, enquanto o Pégaso lá pousa. Destacar-se do anonimato é alçar voo, tornar-se evidente, ser visível por todos os lados. O mais alto salto do cavalo nem sequer encosta nos cascos do Pégaso no seu mais baixo voo.

Entretanto, é nas planícies que estão os melhores pastos para o Pégaso, onde a terra foi arada. Mas também entre os alados os novos alimentos circulam mais soltos. Os alados Steve Jobs (geração "X")-Apple, Bill Gates (geração "X")-Microsoft, Mark Zuckerberg (geração "Y")-Facebook que o digam.

Os pégasos adoram viver em voz alta, em evidência, em conexão, vendo e sendo vistos. Todos os conectados têm a sensação de sair da solidão, do anonimato, de pertencer ao mundo virtual pessoalmente ou como avatares, seus representantes virtuais, para ganhar notoriedade conforme o número de acessos recebidos.

A cada acesso ouve-se um grito virtual: "Olha eu aqui" ou "Aqui estou eu, de novo". Essa notoriedade significa serem vistos e notados reinando lá no alto das montanhas e, portanto, não mais invisíveis na planície do anonimato.

BIBLIOGRAFIA

Amen, Daniel G. *Transforme Seu Cérebro, Transforme Sua Vida*. São Paulo: Mercuryo, 2000.

Berenstein, Eliezer. *A Inteligência Hormonal da Mulher*. Rio de Janeiro: Objetiva, 2001.

Bernhoeft, Renato e Bernhoeft, Renata. *Cartas a um Jovem Herdeiro*. Rio de Janeiro: Elsevier, 2004.

Chalita, Gabriel. *Os Dez Mandamentos da Ética*. Rio de Janeiro: Nova Fronteira, 2003.

Chalita, Gabriel. *Pedagogia do Amor*. São Paulo: Gente, 2003.

Coates, V, Beznos, G. W. e Françoso, L. A. *Medicina do Adolescente*. 2ª ed., São Paulo: Sarvier, 2003.

Coelho, Paulo. *O Alquimista*. Rio de Janeiro: Rocco, 1990.

Coller, Ricardo. *O Reino das Mulheres: o último matriarcado*. São Paulo: Planeta do Brasil, 2008.

Constantini, Alessandro. *Bullying: Como Combatê-lo?* São Paulo: Itália Nova Editora, 2004.

Cortella, Mario Sérgio. *Qual é a Tua Obra?* Petrópolis. Rio de Janeiro: Vozes, 2007.

Cortella, Mario Sérgio. *O que a Vida Me Ensinou*. São Paulo: Saraiva: Versar, 2009.

Costa, Moacir. *Mulher – A Conquista da Liberdade e do Prazer*. Rio de Janeiro: Ediouro, 2004.

Cury, Augusto. *12 Semanas para Mudar uma Vida*. Colina, São Paulo: Academia de Inteligência, 2004.

Cury, Augusto. *Pais Brilhantes, Professores Fascinantes*. Rio de Janeiro: Sextante, 2003.

Dawkins, Richard (trad. Fernanda Ravagnani). *Deus: um Delírio*. São Paulo: Companhia das Letras, 2007.

Doria Júnior, J. *Sucesso com Estilo: 15 Estratégias para Vencer*. São Paulo: Gente, 1998.

Drucker, Peter. *Administrando em Tempos de Mudança*. São Paulo: Ed. Pioneira, 1999.

Elkaïm, Mony. *Como Sobreviver à Própria Família*. São Paulo: Integrare, 2008.

Fonseca Filho, J. S. *Psicodrama da Loucura*. São Paulo: Ágora, 1980.

GAIARSA, J. A. *O Olhar*. São Paulo: Gente, 2000.

GARCIA, R. e NOGUEIRA, P. Galileu: *Teoria da Relatividade: 100 Anos*. Revista nº 161, Rio de Janeiro, Globo, dez. 2004.

GARDNER, Howard. *Inteligências Múltiplas: a Teoria na Prática*. Porto Alegre: Artes Médicas, 1995.

GEHRINGER, Max. *O Melhor de Max Gehringer na CBN*. São Paulo: Globo, 2006.

GODRI, Daniel. *Marketing em Ação*. Blumenau: EKO, 1997.

HERCULANO-HOUZEL, Suzana. *O Cérebro em Transformação*. Rio de Janeiro: Objetiva, 2005.

HIRIGOYEN, Marie-France. *Assédio Moral: a Violência Perversa no Cotidiano*. 2ª ed. Rio de Janeiro: Bertrand Brasil, 2001.

KNOBEL, M. e ABERASTURY, A.: *La Adolescencia Normal*. Buenos Aires: Editorial Paidos, 1974.

KIYOSAKI, Robert T., LECHTER, Sharon L. *Pai Rico, Pai Pobre – O que os Ricos Ensinam aos Seus Filhos sobre Dinheiro*. Rio de Janeiro: Elsevier, 2000.

MAGALHÃES, Dulce. *Manual da Disciplina para Indisciplinados*. São Paulo: Saraiva, 2008.

MALDONADO, Maria Tereza. *O Bom Conflito*. São Paulo: Integrare, 2008.

MARINS, Luiz. *Ninguém é Empreendedor Sozinho*. São Paulo: Saraiva, 2008.

MARINS, Luiz, *O Poder do Entusiasmo e a Força da Paixão*. São Paulo: Harbra, 2000.

MARTINS, José Pio. *Educação Financeira ao Alcance de Todos*. São Paulo: Fundamento, 2004.

McGRAW, Phil. *Family First*. New York: Free Press, 2004.

MONTGOMERY, Malcolm. *...E nossos Filhos Cantam as Mesmas Canções*. São Paulo: Integrare, 2008.

MORENO, J. L. *Fundamentos do Psicodrama*. São Paulo: Editora Summus, 1983.

MUSSAK, Eugenio. *Caminhos da Mudança*. São Paulo: Integrare, 2008.

MUSSAK, Eugenio. *Metacompetência: uma Nova Visão do Trabalho e de Realização Pessoal*. São Paulo: Gente, 2003.

NAVARRO, Leila e GAZALLA, José Maria. *Confiança: a Chave para o Sucesso Pessoal e Empresarial*. São Paulo: Integrare, 2007.

OLIVEIRA, Sidnei. *Geração Y: O Nascimento de uma Nova Geração de Líderes*. São Paulo: Integrare, 2010.

PALERMO, Roberta. *Madrasta – Quando o Homem da Sua Vida já Tem Filhos*. São Paulo: Mercuryo, 2002.

PEREIRA, Glória M. G. *A Energia do Dinheiro*. 6ª ed., São Paulo: Elsevier, 2003.

RANGEL, A. *O que Podemos Aprender com os Gansos*. São Paulo: Ed. Original, 2003.

RESTAK, Richard. *The New Brain*. USA: Rodale, 2003.

ROBBINS, A. e WILNER, A. *A Crise dos 25*. Rio de Janeiro: Sextante, 2004.

ROJAS-BERMÚDEZ, J. G. *Núcleo do Eu – Leitura Psicológica dos Processos Evolutivos Fisiológicos*. São Paulo: Natura, 1978.

ROMÃO, César. *Tudo Vai Dar Certo*. São Paulo: Arx, 2003.

SAVATER, Fernando. *Ética para Meu Filho*. São Paulo: Martins Fontes, 1993.

SILVA, Ana Beatriz B. *Mentes Inquietas*. Rio de Janeiro: Napades, 2003.

SILVA DIAS, V. R. C. e TIBA, I. *Núcleo do Eu*. São Paulo: Edição dos Autores, 1977.

SOUZA, César. *Você é o Líder da Sua Vida*. Rio de Janeiro: Sextante, 2007.

SPITZ, René. *El Primer Año del Niño*. Madrid: Aguillar, 1966.

TIBA, Içami. *Disciplina: Limite na Medida Certa – Novos Paradigmas*. São Paulo: Integrare, 2006.

TIBA, Içami. *Educação & Amor*. São Paulo: Integrare, 2006.

TIBA, Içami. *Ensinar Aprendendo: Novos Paradigmas na Educação*. São Paulo: Integrare, 2006.

TIBA, Içami. *Juventude e Drogas: Anjos Caídos*. São Paulo: Integrare, 2007.

TIBA, Içami. *Quem Ama, Educa! Formando Cidadãos Éticos*. São Paulo: Integrare, 2007.

TIBA, Içami. *Família de Alta Performance: Conceitos Contemporâneos da Educação*. São Paulo: Integrare: 2009.

VIANNA, Marco Aurélio Filho. *Líder Diamante: o Sétimo Sentido, a Essência dos Pensamentos de Grandes Líderes Brasileiros*. São Paulo: Saraiva, 2008.

YALOM, Irvin (tradução Ivo Korytowsky). *Quando Nietzsche Chorou*. 35ª ed. – Rio de Janeiro: Agir, 2009.

YAMAMOTO, Edson. *Os Novos Médicos Administradores*. São Paulo: Futura, 2001.

SAIBA MAIS SOBRE IÇAMI TIBA

Içami Tiba nasceu em Tapiraí SP, em 1941, filho de Yuki Tiba e Kikue Tiba. Formou-se médico pela Faculdade de Medicina da Universidade de São Paulo em 1968 e especializou-se em Psiquiatria no Hospital das Clínicas da USP, onde foi professor assistente por sete anos. Por mais de 15 anos, foi professor de Psicodrama de Adolescentes no Instituto Sedes Sapientiae. Foi o Primeiro Presidente da Federação Brasileira de Psicodrama em 1977-78 e Membro Diretor da Associação Internacional de Psicoterapia de Grupo de 1997 a 2006.

Em 1992, deixou as universidades para se dedicar à Educação Familiar. Continuou atendendo em consultório particular e dedicou-se inteiramente para que seus conhecimentos chegassem às famílias – levando uma vela acesa na escuridão da Educação Familiar. Para tanto, escreveu livros, atendeu a todas as entrevistas solicitadas, fosse qual fosse o meio de comunicação, e dedicou-se a palestras para multiplicadores educacionais.

Em 2002, lançou o seu 14o livro: *Quem ama, educa!* – que foi a obra mais vendida do ano, e também no ano seguinte, bem como 6º livro mais vendido segundo a revista VEJA. E continua um *long seller*.

No total, seus livros chegam, já, a 4 milhões de exemplares vendidos.

Em 2004, o Conselho Federal de Psicologia pesquisou através do Ibope qual o maior profissional de referência e admiração. Doutor Içami Tiba foi o primeiro entre os brasileiros e o terceiro entre os internacionais, precedido apenas por Sigmund Freud e Gustav Jung (pesquisa publicada pelo *Psi Jornal de Psicologia*, CRP SP, número 141, jul./set. 2004).

Desde 2005, mantém semanalmente no ar o seu programa *Quem Ama Educa,* na Rede Vida de Televisão. Desde essa época, mantém-se colunista da Revista Mensal VIVA SA, escrevendo sobre Educação Familiar. Foi capa dessa mesma revista em setembro de 2004 e janeiro de 2012.

Como Psiquiatra, Psicoterapeuta e Psicodramatista já atendeu mais de 80 mil adolescentes e seus familiares. Hoje atende como consultor de famílias em sua clínica particular.

Como palestrante, já ministrou 3.580 palestras nacionais e internacionais para escolas, empresas e Secretarias de Educação. Há nove anos é curador das palestras do 10o CEO'S Family Workshop, realizado por João Doria Jr., presidente do LIDE, Grupo de Líderes Empresariais.

Içami Tiba é considerado por variados públicos um dos melhores palestrantes do Brasil.

Outras Publicações da Integrare Editora

QUEM AMA, EDUCA!

Formando cidadãos éticos

Autor: Içami Tiba
ISBN: 978-85-99362-16-7
Número de páginas: 320
Formato: 16X23 cm

Outras Publicações da Integrare Editora

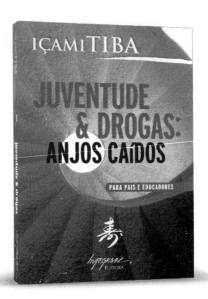

JUVENTUDE & DROGAS:

Anjos Caídos

Autor: Içami Tiba
ISBN: 978-85-99362-14-3
Número de páginas: 328
Formato: 14X21 cm

Contatos com o autor
IÇAMI TIBA
TEL./FAX (11) 3815-3059 e 3815-4460
SITE www.tiba.com.br
E-MAIL icami@tiba.com.br

CONHEÇA AS NOSSAS MÍDIAS

www.twitter.com/integrare_edit
www.integrareeditora.com.br/blog
www.facebook.com/integrare
www.instagram.com/integrareeditora

www.integrareeditora.com.br